a entrega

toni bentley

a entrega — memórias eróticas

Tradução
Maria Cláudia Oliveira

OBJETIVA

Título Original
The Surrender: An Erotic Memoir

Todos os direitos desta edição reservados à
EDITORA OBJETIVA LTDA. Rua Cosme Velho, 103
Rio de Janeiro – RJ – CEP: 22241-090
Tel.: (21) 2556-7824 – Fax: (21) 2556-3322
www.objetiva.com.br

Capa
warrakloureiro

Revisão
Taís Monteiro
Ana Kronemberger
Laura Zuñiga

Editoração Eletrônica
FA Editoração Eletrônica

B475e
   Bentley, Toni
      A entrega : Memórias eróticas / Toni Bentley, tradução de Maria
Cláudia Oliveira. –
      Rio de Janeiro : Objetiva, 2005

      218 p.   ISBN 85-7302-717-7
      Tradução de : *The surrender : An erotic memoir*

      1. Sexo – Relato pessoal. I. Título
                                             CDD 155.3306.7

Virginia Woolf acreditava que nenhuma mulher havia sido bem-sucedida em escrever a verdade sobre a experiência de seu próprio corpo – e que as mulheres e a linguagem deveriam mudar consideravelmente antes que algo assim pudesse acontecer.

CLAUDIA ROTH PIERPONT

Uma vez, amei tanto um homem que eu mesma não existia mais – tudo Ele, não Eu. Agora amo tanto a mim mesma que nenhum homem existe – tudo Eu, não Eles. Todos eram Deus, e eu, uma invenção da minha própria imaginação. O mesmo jogo, posições trocadas. Não sei jogar de outra maneira. Alguém precisa estar por cima, e alguém, por baixo. Lado a lado é um tédio. Tentei fazer isso uma vez durante alguns instantes loucamente confusos. A igualdade nega o progresso e evita a ação. Mas um alto e um baixo, bem, eles podem ir à Lua e voltar antes que os iguais consigam negociar quem paga, quem fica deitado e quem leva a culpa.

Minha transformação, entretanto, não foi de baixo para cima, mas de baixo para baixo: de minha desprezível submissão emocional para minha abençoada submissão sexual. Esta é a história da minha mudança – e do preço que paguei. Muito caro. Impossível de calcular.

A SANTA FODA

Este prazer é tamanho que nada pode interferir nele, e
o objeto que lhe serve não pode, ao saboreá-lo, deixar
de ser transportado ao terceiro céu. Nenhum outro é
tão bom, nenhum outro pode satisfazer tão completamente os dois indivíduos que cedem a ele, e aqueles
que o experimentaram só conseguem voltar a outras
coisas com dificuldade.

DONATIEN DE SADE

O dele foi o primeiro. No meu cu.

Não sei o tamanho exato, mas é definitivamente muito
grande – do tamanho apropriado. De largura mediana, nem
muito fino, nem muito grosso. Lindo. Minha bunda, mi-
núscula como a de um rapazinho, rija e envolta por tecidos
rígidos. Vinte e cinco anos de piruetas como bailarina. Desde os 4 anos, quando declarei guerra a meu pai pela primeira
vez. Girar as pernas para fora dos quadris fortalece o assoa-
lho pélvico como um saca-rolhas. Trabalhei minhas entranhas a vida inteira, de pé naquela barra de balé. Agora está
tudo sendo destrabalhado.

O pau dele, minha bunda, libertando-se. Divino.

Quando ele me penetra eu deixo sair a tensão, milímetro por milímetro, puxando, apertando, segurando. Sou viciada em resistência física extrema, uma maratona de
intensidade libertadora. Solto meus músculos, meus tendões,
minha carne, minha raiva, meu ego, minhas regras, meus
censores, meus pais, minhas células, minha vida. Ao mesmo

tempo puxo, sugo e o trago para dentro. Abrindo e sugando, uma coisa só.

Bem-aventurada, aprendi, ao ser sodomizada, que esta é uma experiência de eternidade num instante de tempo real. A sodomia é o ato sexual de confiança final. Quero dizer, você realmente pode se machucar – se resistir. Mas se deixar o medo para trás, literalmente ultrapassando-o, ah, que felicidade se encontra do outro lado das convenções. A paz que se encontra além da dor. Ir além da dor é a chave. Uma vez absorvida, ela é neutralizada e permite a transformação. O prazer em si é uma mera absolvição temporária, uma distração sutil, uma anestesia enquanto se está a caminho de algo maior, mais profundo, mais embaixo. A eternidade fica muito, muito além do prazer. E além da dor. A borda do meu cu é o horizonte da sexualidade, a fronteira além da qual não há escapatória. Não para mim, pelo menos.

Sou ateísta por herança. Conheci a experiência divina dando o cu – muitas e muitas e muitas vezes. Sou uma aprendiz lenta – e hedonista gulosa. Estou falando sério. Muito sério. E fiquei ainda mais surpresa do que você está agora com esse despertar tão curiosamente grosseiro para um estado místico. Ali estava: a grande surpresa de Deus, Seu humor sutil e Sua presença potente manifestados no meu cu – bem, este certamente é um caminho para conseguir a atenção de uma cética.

Sexo anal tem a ver com cooperação. Cooperação num esforço de política aristocrática, envolvendo hierarquia rígida, posições feudais e atitudes monarquistas. Um está no controle, o outro é obediente. Inteiramente no controle, inteiramente obediente. Não há segurança democrática nem ação afirmativa para quem come um cu. Mas é melhor que eles tenham a ação firme, muito firme. Não se pode comer um cu pela metade, só o comecinho. Seria um fingimento. Não há substitutos, nem reforços, para o Cirque du Soleil anal. É um ato na corda bamba – e vai até lá em cima. A verdade sempre se mostra com o cu. Um pau no cu opera como a seta no detector de mentiras. O cu não sabe mentir, não pode mentir: você se machuca, fisicamente, se mentir. A boceta, por outro lado, pode mentir com a simples entrada de um pau no aposento – ela faz isso o tempo todo. Bocetas são feitas para enganar os homens com seus jatos de sumo, sua prontidão para se abrir e suas donas irritadas.

Aprendi tanto, talvez a coisa mais importante, ao dar o cu – aprendi a me render. Tudo o que aprendi com o outro buraco foi a me sentir usada e abandonada.

Minha boceta propõe a pergunta; meu cu responde. Dar o cu é o acontecimento no qual a máxima consagrada de Rainer Maria Rilke, de "viver a pergunta", é de fato finalmente incorporada. Penetração anal resolve o dilema de dualidade que é introduzido e exagerado pela penetração vaginal. Dar o cu transcende todos os opostos, todos os conflitos – positivo e negativo, bom e ruim, alto e baixo, raso e profundo, prazer e dor, amor e morte – e os unifica, torna-os todos um só. Então isso, para mim, é O Ato. Dar a bunda é uma solução espiritual. Quem poderia ter adivinhado?

Se me pedissem para escolher pelo resto da minha vida um local para ser penetrada, escolheria o cu. Minha boceta foi muito machucada por falsas expectativas e entradas sem convite, por movimentos muito egoístas, muito superficiais, muito rápidos ou muito inconscientes. Meu cu, conhecendo apenas ele, conhece apenas a bênção. A penetração é funda, muito funda; ela percorre a fronteira da sanidade. O caminho direto para Deus através de minhas entranhas tornou-se claro, foi limpo.

Norman Mailer vê os caminhos sexuais ao contrário: "Então foi assim que eu finalmente fiz amor com ela, um minuto para um, um minuto para o outro, uma incursão ao Diabo e uma viagem de volta ao Senhor." Mas Mailer é um homem, um violador, um penetrador, não um recipiente, não um submisso. Ele não esteve, presumo, em minha posição de cedente.

Minha sensação de falta é tão enorme, tão escancarada, tão cavernosa, tão funda, tão grande, tão larga, tão velha e tão jovem, muito jovem, que apenas um grande pau queimando fundo no meu cu a preencheu. Ele é esse pau. O pau que me salvou. Ele é a minha resposta para todos os homens que vieram antes dele. Minha vingança.

Vejo o pau dele como um instrumento terapêutico. Certamente apenas Deus poderia ter pensado em tal cura para minha ferida sem fundo – a ferida da mulher cujo pai não a amava o suficiente. Talvez a ferida não seja realmente psicológica na origem, mas certamente o espaço lá dentro que sente falta de Deus o é. Talvez seja meramente a sensação de falta de uma mulher que acha que não pode tê-Lo. Uma mulher cujo pai lhe disse muito tempo atrás que Deus não existe.

Mas eu quero Deus.

Dar o cu me enche de esperança. O desespero não tem nenhuma chance quando o pau dele está no meu cu, abrindo espaço para Deus. Ele abriu minha bunda e com aquela primeira estocada partiu minha negação a Deus, partiu minha vergonha e a expôs à luz. A sensação de falta não está mais escondida; agora ela tem nome.

Esta é a história por trás de uma história de amor. Uma história por trás que é a história inteira. Uma história inteira por trás, para ser bastante precisa. Amor por dentro da minha bunda. Colette declarou que você não pode escrever sobre amor enquanto está sob sua emocionante influência, como se apenas a perda do amor ecoasse. Não há retrospecto para mim nesse grande amor, mas sim a vista dos fundos – glorificada por meu olho de trás. Este é um livro em que a parte da frente é breve e a parte de trás é tudo. Finalmente, minha parte de trás importa. Quando você dá o cu tanto quanto eu dei, as coisas tornam-se rapidamente tão filosóficas quanto bobas. Meu cérebro foi chacoalhado junto com minhas entranhas.

Ter um pau no cu realmente dá concentração à mulher. A receptividade se torna atividade, e não passividade. Há simplesmente muita coisa a fazer. O pau dele penetra meu *yang* – meu desejo de saber, controlar, entender e analisar – e força meu *yin* – minha receptividade, minha vulnerabilidade – a vir à tona. Não posso fazer isso sozinha, voluntariamente. Preciso ser forçada.

Ao me foder, ele me faz entrar em contato com a minha feminilidade. Como uma mulher liberada, esse é o único caminho pelo qual posso chegar lá e manter minha dignidade. Virada para cima, de bunda para o ar, tenho pouca escolha a não ser sucumbir e perder a cabeça. É assim que consigo ter uma experiência que meu intelecto jamais permitiria, uma traição a Olive Schreiner, Margaret Sanger e Betty Friedan e uma afronta, pelos fundos, a muitas "feministas" modernas. Ah, mas uma vez chegando lá, não existe volta – não ao controle, não a estar por cima, não a homens mais femininos do que eu. Essa é simplesmente a forma pela qual minha liberação se manifesta. A emancipação pela porta dos fundos jamais seria uma escolha para nenhuma mulher racional. Pode apenas acontecer como um presente. Uma surpresa. Uma grande surpresa. Esta história é sobre como cheguei a experimentar – e às vezes compreender – expressões que aludem ao esforço espiritual. Aprendi mais sobre seu significado e poder sendo sodomizada do que por meio de qualquer outro tipo de instrução.

Sexo anal é, para mim, um acontecimento literário. As palavras primeiro começaram a fluir quando ele estava enterrado fundo no meu cu. A caneta dele no meu papel. Seu marcador no meu mata-borrão. Seu míssil na minha lua. Engraçado de onde se tira inspiração. Ou como se capta a mensagem.

Eu soube logo depois de minha iniciação que deveria escrever tudo. Para ficar de olho nos acontecimentos, para testemunhar sobre mim mesma, sobre ele, sobre a energia harmônica que nós geramos. Suficiente para fazer furos nos parâmetros de meu mundo. Suficiente para a palavra Deus ganhar significado. Suficiente para a gratidão fluir como água.

Eu não queria, depois, apenas produzir memórias. As memórias iriam inevitavelmente desfigurar a verdade com a vaidade da nostalgia e a autopiedade do desejo perdido. Eu queria documentação, como um registro policial, que anotasse na hora – ou minutos mais tarde, uma hora no máximo – os detalhes do crime, o crime de arrombar e entrar no meu cu, no meu coração. Esse registro diria: isso realmente aconteceu, isso realmente se passou na minha própria vida, sob meu próprio olhar.

Além do mais, se eu não escrevesse aquilo tudo, ninguém jamais iria acreditar – muito menos eu. Não acreditava naquilo duas horas depois que ele deixava a minha cama.

Então escrevi tudo, para fazer com que durasse mais. Para tornar aquilo real. As palavras pareciam a única forma de demarcar o terreno, de preservar minha experiência transitória de eternidade. Este é um documento testamentário. Não percam a mensagem, distraídos pela profanação do ato.

Sou, como você pode ver, uma mulher que andou buscando a submissão a vida inteira – para encontrar alguma coisa, encontrar alguém a quem pudesse submeter meu ego, meu desejo, minha desprezível mortalidade. Tentei várias religiões e vários homens. Tentei até um homem religioso. E aí ele me encontrou, o agnóstico que exigiu minha submissão.

"Curve-se", ele diria, gentil, firme. Posso ouvi-lo agora – ecoando nas entranhas de meu ser.

Dar o cu é o grande gesto anti-romântico – a menos, claro, que, como a minha, sua idéia de romance comece de joelhos, tendo o rosto enfiado num travesseiro. Poesia, flores e promessas até-que-a-morte-nos-separe não têm lugar na terra de trás. Penetração de cu envolve o lado duro da verdade, não as suaves dobras do sentimentalismo inerente ao amor romântico. Mas dar a bunda confere mais intimidade do que dar a boceta. Você se arrisca a mostrar seu lado sujo, como metáfora e como realidade. Você deixa um homem entrar em seus intestinos – seu espaço mais profundo, o espaço que ao longo de toda a sua vida você foi ensinada a ignorar, a esconder, a manter silêncio a respeito – e a consciência nasce. Quem precisa de diamantes, pérolas e peles? Aquelas que jamais estiveram onde eu estive. A terra prometida, o Reino.

Se você conseguir deixar um homem comer o seu cu – e apenas o amante verdadeiramente sensível deve ter este privilégio –, você vai aprender a acreditar não apenas nele, mas em si mesma, totalmente fora de controle. E além do controle fica Deus.

A humilhação é meu maior demônio, mas quando o olho do meu terror é penetrado, experimento meu medo como infundado. Foi através dessa rendição psicológica, desse caminho proibido, que encontrei meu eu, minha voz, meu espírito, minha coragem – e a gargalhada final. Esta não é uma investigação feminista sobre igualdade. Esta é a verdade sobre a beleza da submissão. O poder da submissão. Para mim, encontrei por acaso a grande piada cósmica, a suprema ironia de Deus.

Entre pela saída. O paraíso está esperando.

ANTES

A BUSCA

Encontrar o paraíso começou décadas atrás, com minha busca por Deus. Eu vinha procurando por ele desde os 5 anos, quando minha família se mudou para a região protestante mais radical do Sul dos Estados Unidos. Todo mundo ali parecia conhecer Deus pessoalmente, menos eu. Perguntei a meu pai, que sempre estava certo em tudo. "Não, Deus não existe", explicou ele. "Isso é para quem precisa. Nós não precisamos."

Mas eu precisava. Todo mundo na escola temia a Deus e freqüentava a igreja. Será que todos eles estavam errados, e seus pais também? Me registraram como ateísta quando nasci. Aquilo era um atestado. Descobri que poderia contar a grande novidade para todos os meus colegas de classe, que Deus não existia, ou poderia investigar Deus por conta própria, só para o caso de eles estarem certos sobre Ele.

Agora acho que uma pessoa pode vir a acreditar de duas maneiras. Ou você é doutrinado por sua família e essa crença permanece durante toda a sua vida, apesar de qualquer revolta ou evidência do contrário; ou você tem uma experiência real com Deus que é poderosa o suficiente para contradizer sua doutrinação original. Então eu assumi uma identidade difícil: aquela da ateísta que deseja acreditar – mas não consegue. A dúvida predeterminada sempre me fez sentir falta de um Deus que não poderia existir. O Conflito tinha nascido, a Busca começara.

No ano anterior, quando eu tinha 4 anos, começara a ter aulas de balé. Esse compromisso simples, uma vez por semana, desenvolveu-se acima do esperado durante as duas décadas seguintes, numa carreira profissional que durou dez anos numa das melhores companhias de dança do mundo. A intenção original de minha mãe, no entanto, era simplesmente oferecer-me uma atividade física que encorajasse meu apetite inexistente e me mantivesse fora das equipes esportivas que usavam bolas: quando criança, eu tinha pânico total de bolas de qualquer tamanho vindo em minha direção. O balé não tinha bolas e, desta forma, meus medos foram apaziguados. Concentrei-me, então, em uniformes bonitos, sapatilhas vermelhas e movimentos extremamente controlados.

Foi no mundo do balé que minha investigação sobre Deus encontrou seu maior laboratório. Simplesmente todas as melhores bailarinas acreditavam em Deus – todas mesmo. Conduzi muitas análises particulares ao longo dos anos e continuei a observar Deus durante minha carreira profissional, quando a evidência foi ainda maior. Na escola de balé, em torno de 60 a 70 por cento das moças acreditavam em Deus; entre aquelas que haviam superado os obstáculos e se tornado algumas das poucas escolhidas da companhia, a percentagem crescia para cerca de 95 por cento. Deduzi que a chave para a superioridade dessas bailarinas estava em sua habilidade para crer. Elas mantinham a fé quando as coisas iam mal. Quando eu fazia uma aula ruim, ficava mal, o que me levava a mais aulas ruins. Quando elas faziam uma aula ruim, acreditavam que era uma "lição", a "vontade de Deus", um defeito na transmissão, conseguiam fazer uma boa aula na vez seguinte e então aprimoravam-se de maneira firme e previsível. Sendo ateísta, eu não tinha ninguém para culpar; a insegurança florescia na mesma proporção de minhas aulas ruins.

Após dez anos deste tipo de treinamento, até uma boa aula me parecia ruim; eu tinha aperfeiçoado não apenas meus *pliés*, mas minha habilidade de autocrítica. Certamente eu desejava poder jogar a culpa dessas aulas ruins em Deus, como as outras garotas – que alívio seria. Mas elas estavam vivendo sob uma "ilusão", enquanto eu empunhava a bandeira da verdade. E assim eu servia, uma mártir de meu ateísmo. Meu Deus, como eu tinha inveja. Não de sua dança – mas de sua fé.

Minha ansiedade com esta assombração intangível encontrou um escape produtivo quando, aos 11 anos, aprendi a fazer crochê sozinha, em um livro. Minha mãe tricotava e tinha me ensinado o rotineiro um-tricô-um-meia com duas agulhas, mas sempre havia a possibilidade de um ponto perdido, descoberto tarde demais para ser corrigido. Esse risco me apavorava. Com o crochê, no entanto, não apenas havia muito mais possibilidades de padrões, mas também não havia jeito de perder um ponto.

Comecei com cachecóis e boinas e evoluí até confeccionar ponchos, suéteres de gola rulê, bolsas de todos os tamanhos, blusas rendadas com frufrus, gravatas, colchas e intricados descansos de mesa com linhas finas e brilhantes. Muitos pontos, muitos fios e algodões mercerizados, muitas cores pastéis, dentro e fora, em cima e em torno, virando e desvirando, ponto após ponto. Eu era rápida, era boa, era

compulsiva e era cruel com minha agulha e minha linha –
todo mundo na minha família usava alguma coisa estranha
de linha feita por mim. Sempre fiz várias coisas ao mesmo
tempo, então minhas mãos nunca descansavam.

Fazer crochê, vejo agora, era um perfeito repositório
para minhas ambiciosas tendências anais: cada item crescia
de maneira controlada e previsível, não estando sujeito ao
caos irracional de minhas ansiedades existenciais. Cheguei à
adolescência fazendo crochê, produzindo cordões para minhas sapatilhas e tentando imitar a fé celestial de minhas
colegas.

Acredito agora que a dança diz respeito a duas coisas:
bom comportamento e fé visível. Para mim a primeira era
fácil, e a segunda, impossível – e por isso mesmo mais dese-
jável. Ser bailarina foi minha tentativa mais antiga, e talvez
mais séria, de ter fé. Mas era como tentar ser uma freira sem
acreditar em Deus. Eu me esforçava bastante, mas não dava
para escolher a fé.

Negar-me comida o dia inteiro enquanto dançava o
dia inteiro, porém, parecia um bom ponto de partida para
começar a tentar. Ao menos eu estava exercitando um certo
autocontrole, me certificando de que meu corpo seria tão
esbelto quanto aqueles que pertenciam às garotas que acreditavam. Aquela parte eu podia fazer sem Deus. Simplesmente não comer, até a noite. Parecia bom. Poderoso. Com
a comida – ou melhor, sem a comida – eu podia competir
com as crentes. Bem, eu podia ser até mais magra do que
algumas delas. Aprendi cedo a transcender a dor, a negar a
dor: os dedos dos pés sangrando, os tendões estirados, a so-
lidão horrível de ser ateísta. Muito útil. Se pudesse negar o
suficiente, eu considerava, talvez pudesse negar até mesmo
minha negação de Deus.

Tornei-me uma bailarina profissional aos 17 anos e comecei a me apresentar em público oito vezes por semana. Foi aí que comecei a fazer o sinal-da-cruz antes de subir ao palco. Eu tinha visto a melhor bailarina do mundo fazer isso e pensei que talvez esse fosse seu segredo. Então tentei fazê-lo, sozinha nos bastidores, sem ser vista, antes da entrada. Era como dar mais um passo no balé. Eu queria que aquilo significasse alguma coisa. E significou. Embora não tivesse trazido Deus para minha consciência, demonstrou minha crença de que aquele ritual era o caminho para invocá-Lo, no caso improvável de que Ele estivesse desejando me chamar.

Numa turnê por Paris, num verão, comecei a comprar rosários nas lojas antigas do Boulevard Saint-Germain – velhos, com contas de madrepérola. Achei que, se eram velhos e europeus, já estariam cobertos pela fé de crentes anteriores e, dessa forma, apesar de meu darwinismo deplorável, um pouco daquela fé poderia passar para mim. Usei um deles como colar por um tempo, embora me dissessem que aquilo era um sacrilégio. Não importava, eu precisava daquele rosário em torno do meu pescoço, esfregando sua história em minha pele pagã.

Os rosários me levaram aos santos. Por volta dos 18 anos, eu estava lendo vorazmente sobre todos eles – Francisco, Tomás, Jerônimo, as duas Teresas – e aí me concentrei nas mulheres que passavam fome, sangravam, se flagelavam com varas, lambiam as feridas gotejantes dos leprosos e acordavam gritando no meio da noite penetradas pelo amor de Deus. Aquilo era realmente interessante. Por um breve período me interessei pela idéia de deixar a profissão de bailarina – que já era parecida com a de freira, por causa da dedicação – para ser santa. Certamente nada parecia valer mais a pena, e o sagrado parecia requerer as disciplinas com as quais eu já tinha experiência substancial: autocontrole e autonegação. Quanta dor e sofrimento eu poderia suportar, escolher, causar a mim mesma? Testar minha força dessa maneira parecia imensamente atraente.

Mas depois de consideráveis considerações, reconsiderei: tornar-me santa exigiria ainda mais dor do que eu podia imaginar. E se alguém sofresse toda aquela dor e ainda assim não visse Deus, ainda assim não tivesse aquela união mística? O risco era muito alto. Além do mais, não queria sofrer apenas por sofrer. Dançar tinha me ensinado a sentir dor para ganhar alguma coisa, a sentir dor pela beleza. Dor pela dor era autocomplacente, enquanto meu masoquismo juvenil era tão ambicioso quanto realista. Santa Teresa de Ávila não era páreo para mim.

Em vez disso, então, resolvi que iria me concentrar na dança e continuar a mergulhar meus dedos naqueles belos, apertados e brilhantes adereços chamados sapatilhas de ponta. E ali estava o milagre, manifestado diariamente em meus próprios pés. Apesar das evidências do contrário, ensangüentadas e cheias de bolhas, meus pés não doíam quando estavam cobertos pelas sapatilhas, quando dançavam. Só doíam quando saíam das sapatilhas, quando eram libertados de sua prisão de cetim. Essa experiência curiosa, a irônica combinação de desconforto físico com euforia, ensinou-me o poder da transcendência. Minhas sapatilhas rosa de ponta tornaram-se minhas aliadas fetichistas, minha coroa de espinhos, minha cama de pregos. Eu venerava minhas sapatilhas de ponta.

Lado a lado com minha santa obsessão, desenvolvi uma paixão pela leitura. Essa paixão, como passei a acreditar, diminuía o valor de meu recente sucesso como bailarina, tirando-me do mundo circunstrito e não verbal do movimento para os planos ilimitados do pensamento. A Fase do Livro incluiu: Simone Weil (que fica além de minha capacidade de imitação); Nietzsche (Assim Falou ele a mim); Henry Miller (o romance da pobreza em Paris!); D. H. Lawrence (John Thomas e Lady Jane); Anaïs Nin (liberação sexual entre os lençóis e nas páginas do livro – em Paris); Freud (incesto é o melhor – ou pelo menos é inevitável); Thomas Mann (a poética profundidade dos raios X); Henry James (Eu *sou* Isabel Archer, vivendo na época errada, com o guarda-roupa errado); Virginia Woolf (diário após diário e mergulhando diretamente para dentro do rio); Erich Fromm; Eric Hoffer; Ernest Becker (*A Negação da Morte*, todas as páginas sublinhadas em vermelho); e Søren Kierkegaard (sete tomos de uma só vez, com extensas notas tanto em blocos de anotações quanto em fichas... Eu amava Kierkegaard).

Esses livros e suas revelações constituíram minha vida pessoal até que eu tivesse quase 20 anos. Aí perdi minha virgindade. E embora meus interesses mais profundos talvez nunca tenham mudado, foram imediata e irrevogavelmente desviados para respostas derivadas – dançar tinha apresentado todas as perguntas – da experimentação, e não apenas em livros.

Mas enquanto toda essa leitura e essa busca por ligações externas aconteciam de manhã cedo e tarde da noite, minha lealdade e dependência mais profundas pertenciam a outro lugar durante o dia: às paredes do estúdio de dança, onde eu não podia escapar de meu eu cruel.

MEU ESPELHO, MEU SENHOR

Dançar balé se aprende na frente de um espelho. Horas e horas e horas e horas na frente de um espelho. Quando era criança, depois quando estudante séria e finalmente como adulta profissional, tanto nas aulas quanto nos ensaios, aprendi que cada arqueada do pé, cada jeito de olhar, cada ângulo do braço, cada virada de perna, cada sorriso, cada trejeito, cada esticada são simultaneamente executados e testemunhados pelo eu, essa nebulosa entidade chamada consciência. A pessoa se torna tanto sujeito quanto objeto.

Calculo que, em 25 anos de dança, gastei aproximadamente 180 horas atuando na frente de uma platéia, ao vivo – e 18 mil horas praticando na frente dos grandes espelhos de parede inteira que são a principal característica de todos os estúdios de dança. Essa exposição diária, rígida e intensa, tem um efeito fortíssimo no que se chama de auto-imagem de alguém. Ao contrário da suposição popular, não são o narcisismo ou a vaidade que são estimulados o tempo todo quando alguém se examina tão de perto. É exatamente o oposto. Nós nos observamos com olhos treinados para serem críticos, competitivos e comparativos. Sim, de vez em quando a visão é agradável, bonita, algo que merece ser olhado. Mas com muito mais freqüência é a imagem de uma imperfeição – de corpo, de traços, de rosto, de traje, de movimento. Freqüentemente, uma simples falha parece obliterar todos os esforços da pessoa, inclusive sua própria existência.

O espelho mostra a impossibilidade da perfeição. E assim uma curiosa intimidade nasceu: eu estava constantemente formatando, mudando, melhorando e modificando meu próprio estilo, enquanto o espelho – frio e permanente – ficava ali, julgando, como Deus. O espelho era meu carcereiro e redentor, a fonte de autodesprezo e também a única fonte de auto-afirmação. Eu me sentia humilhada diante do poderoso olhar do espelho com sua ilusão de três dimensões em duas. Eu me submetia completamente. Enquanto Deus parecia distante, a autoridade do espelho sobre mim parecia absoluta.

Finalmente percebi que, como Dorian Gray, eu havia abdicado de toda percepção de mim mesma em prol do meu reflexo. O resultado preocupante dessa submissão ao que eu via – a mim, mas invertida – era o que acontecia no palco, onde o poço da orquestra e o buraco negro da platéia substituíam minha própria imagem no espelho, e eu nem conseguia sentir meu corpo se mover. Eu existia apenas no espelho; no palco era minha própria sombra, uma fumaça. Só na manhã seguinte, de volta à barra, eu podia me descobrir no espelho e novamente confirmar minha existência.

Aos 23 anos, quando ainda dançava, tentei me casar com Deus. Foi tudo muito repentino. Seu pai era pastor e ele era crente, e assim o meu eu hesitante, ateísta e frustrado tentou chegar à religião da única maneira que podia: casando-se e entrando para a família. Meu marido foi o primeiro homem que refletiu de volta para mim uma imagem de mim mesma preferível à do espelho. Assim, eu rapidamente transferi minha dependência para seu ponto de vista. Agora eu existia, mas de maneira diferente. Ele adorava o que via e me contava tudo a respeito; era uma coisa adorável. Mais uma vez, eu tinha uma boa razão para suspeitar que existia.

Com o passar do tempo, entretanto, ele se tornou muito menos confiável para me mostrar a mim mesma no dia-a-dia. Ele era um homem que gostava de adquirir e tinha muitas paixões artísticas, então outras acabaram tomando meu lugar. Meu reflexo ficou borrado; muitas marcas de dedos sobre a visão do espelho, que já havia sido tão límpida. Suja, reduzida a uma mancha em sua mente, me descobri mais uma vez dançando entorpecida no buraco negro. Deus tinha apagado as luzes.

Onde estou? Não consigo ver. Não consigo sentir. Não posso existir.

HISTÓRIA SEXUAL

Tive meu primeiro orgasmo, sozinha, aos 16 anos, depois de assistir a um filme pornô francês chamado *Exibição,* numa sala de cinema de arte no Upper East Side, em Nova York, com uma amiga igualmente curiosa. Apesar da legitimidade do local, essa foi minha primeira experiência no cinema na qual meus pés ficaram fincados no chão à frente de minha poltrona; isso foi particularmente perturbador para minha alma virgem.

Enquanto olhava a mulher do filme se masturbar, entretanto, percebi que eu simplesmente não havia persistido o suficiente com minhas próprias explorações para chegar ao *big bang.* Fui direto para casa depois do filme e imitei minha nova mentora, com resultados instantâneos. Assim começou minha longa e secreta carreira de aspirante a estrela pornô.

Continuei praticando para meu *début,* mas não vi razão para empregar um homem no trabalho. Um ano mais tarde, um jovem CDF colocou a língua pela minha garganta abaixo numa festa, enquanto pressionava algo muito duro contra minha barriga. Aquilo confirmou minhas suspeitas. Homens eram brutos.

Algum tempo mais tarde, um belo conquistador que sabia que eu era virgem insistiu em me perseguir, e conseguiu mudar todos esses sentimentos negativos. Ele era famoso, forte, carismático e *sexy* como o diabo. Don Juan. Depois de muita resistência, o que o divertia, permiti que ele entrasse. Excitação, pressão, uma poça de sangue e o despertar.

Nunca tinha visto um pênis ereto antes. Totalmente chocante. Mas assim que ele entrou em mim, me recuperei. Ele me dominou – fisicamente, completamente – e foi a coisa mais emocionante que jamais me acontecera. Não acredito, entretanto, que tenha tido um orgasmo com ele: eu era afoita demais. E estava totalmente apaixonada. Ele sugeria um mundo além do meu.

Fiquei apaixonada durante dois anos, embora o caso tenha durado menos de três meses. Olhando para trás, agora percebo que seu primeiro comentário sexual para mim foi: "Você tem uma bunda maravilhosa." Já devia ser o meu destino. Mas eu só soube disso muitos anos depois. Sou bonita, vista por trás.

Depois que perdi a virgindade, minha boceta tornou-se um local de grande interesse para mim. Eu não tinha percebido até então que aquele buraco escondido abaixo da cintura era a entrada para meu coração. Outros vieram até o portão agora aberto e comecei a ter o que todo mundo parecia estar tendo: relacionamentos monogâmicos consecutivos de durações variadas. Nunca me ocorreu que não é preciso ser monogâmico logo a partir do momento em que um cara coloca a língua em sua boca. Mas para mim era desse jeito – selado com saliva – e eu não tinha experiência suficiente para pensar que poderia escolher quando se tratava daquele assunto. O segundo e o terceiro namorados – ambos garotos "legais" e "adequados" – me introduziram ao orgasmo através do sexo oral e fiquei viciada naquilo – na língua deles, mas não tanto neles. A penetração que se seguia apenas parecia a parte deles no trato. E houve alguns poucos outros namorados depois deles. A mesma coisa.

A única vez que fiz sexo sem ser definido pela monogamia foi com um assistente de palco que conheci num bar. Cabelos longos louros, linguagem rude, tatuagens. Eu estava tomando um drinque com uns amigos numa noite quando ele se virou para mim e sussurrou: "Quero que você se sente na minha cara."

"Como assim?", eu disse. Não fazia idéia do que ele estava falando. Ele achou que eu estava brincando, mas não estava. Então ele explicou. Tomei outra vodca, saí do bar com ele e me sentei na cara dele. Nunca tinha feito aquilo antes. Ele tinha mãos grandes que me tocavam como carne, carne de primeira. Foi a segunda experiência que tive de estar com um homem que era "errado" para mim, um homem com quem eu sabia que não haveria nenhum "relacionamento". Trepando com ele, senti o poder fantástico de um ser completamente diferente se chocando contra mim. Eu não conseguia me soltar com alguém parecido comigo, só com um homem que fosse impossível.

Mas depois eu me apaixonei profunda, súbita e totalmente pelo homem que se tornou meu marido – era como levar um bloco de cimento na cabeça, *crash*, e ali estava eu no altar – e os garotos maus foram banidos. Nunca nem mesmo me ocorreu ter um caso enquanto estava casada. Eu o amava demais, era impensável.

Ele era meu destino, meu marido. Mas eu pensava que aquilo significava meu fim, meu destino final, quando, na verdade, ele era meu começo, meu início deprimente. Meu Deus, como isso doeu. A profunda desilusão de ver o grande amor da minha vida atolar na estrada pedregosa da realidade foi um golpe enorme demais para minha própria consciência tolerar, menos ainda compreender.

Depois de dez anos, deixei meu marido. Ele não podia me ver nem mais um minuto; e ele nunca soube que eu tinha um rabo. Eu tinha parado de dançar alguns anos antes por causa de uma lesão no quadril, que tinha aparecido pela primeira vez seis meses depois do casamento. Engraçado, isso: a vida tem sinais estranhos. Um amigo me disse que os quadris representam o lugar onde você guarda a verdade em seu corpo. Tolice? Talvez. De qualquer maneira, tanto a junta de meu quadril direito quanto minha verdade estavam arruinadas.

Tornei-me intolerável, tanto para mim quanto para meu marido. Um demônio uivante, uma ninfomaníaca celibatária com uma mala cheia de ressentimentos e *lingerie* combinando. Listei 52 ressentimentos e parti com a *lingerie*. Liberdade. Medo.

O MASSAGISTA

Esta cama é teu centro, estas paredes tua esfera.

JOHN DONNE

Meu primeiro caso começou uma semana depois do fim de meu casamento. É incrível o que dois telefonemas podem fazer: um terminou um relacionamento de dez anos e o outro marcou uma massagem de uma hora que deu início ao resto de minha vida.

O adorável massagista. Eu já tinha feito duas massagens com ele por causa de meu quadril lesionado, e tinha prendido a respiração para ocultar meu desejo: eu ainda era casada. Mas na massagem seguinte não era mais, e dei meu primeiro passo ousado. Eu sabia que ele era muito profissional para dar alguma abertura, então decidi que dependia de mim. Planejei antecipadamente que se (ha!) eu ficasse excitada de novo, diria alguma coisa ao fim da sessão – mas o quê? Eu não queria me causar embaraço; o risco era alto.

No fim daquela terceira massagem, pingando uma década de desejo sublimado, perguntei a ele de uma maneira generalizada: "Suas clientes ficam excitadas de vez em quando?"

"Ficam", ele arriscou, e levantou-se da cadeira do outro lado da sala para voltar à mesa onde eu estava deitada. "Mas eu simplesmente deixo rolar." Ele era jovem e bonito, com grandes olhos azuis e lábios carnudos e suaves, mas essa não era a fonte da minha atração. Eram aquelas mãos mágicas. Ele colocou uma abaixo da minha garganta e perdi toda a decência e o autocontrole. Ele não recuou; deslizou sua mão sob o lençol. Nas horas seguintes, aprendi como sua boca e sua língua guardavam a mesma corrente mágica de suas mãos, e pensei que morreria com o prazer que ele me deu. Era um sonho de prazer, de amor – sim, amor, amor físico. E nada de foder, só lamber.

Quando ele saiu eu estava deslumbrada: nunca tinha sido tão receptiva. Meu clitóris tinha saído da hibernação, não se escondia mais, não se assustava mais, mas crescia, crescia para o contato direto com o paraíso. Pela primeira vez eu estava submissa a meus próprios orgasmos, tentando apenas sobreviver às contrações para ficar consciente apesar do prazer aniquilador. Eu soube então que a decisão de deixar meu casamento e quebrar aqueles votos diante de Deus valera a pena. Tudo aquilo valera a pena por causa daquelas duas horas. Eu estava certa, claro, de que não aconteceria de novo. Por que seria eu tão abençoada quando também me sentia tão culpada? Culpa, prazer e o homem impossível: os ingredientes do êxtase sexual estavam vindo à tona.

Esperei a semana passar, contando os dias, e liguei para marcar outra massagem, sem esperar nada, querendo tudo. Pulei quando a campainha tocou: banhada, perfumada e obcecada. Aconteceu de novo. E de novo e de novo e de novo.

Um dia ele sugeriu algumas regras – ele tinha andado pensando, como eu, sobre como fazer essa coisa acontecer quando ela não deveria acontecer. Ele não brincava com clientes: eu era a primeira, então mantenha segredo, muito segredo.

Claro. Outra regra: nada de penetração. Sem problemas. "Nós vamos apenas brincar", ele explicou, e entendi o que significava apenas brincar. Foder não era tão interessante para mim, de qualquer forma. Na melhor das hipóteses era uma recompensa oferecida por receber uma boa lambida. Agora lamber era a única atividade. E ele nunca, jamais, em todo o tempo que nos conhecemos, tirou os sapatos. Seus sapatos tornaram-se nosso sinal mútuo de que ainda estávamos dentro dos nossos limites de decência. Mais ou menos.

Ele me presenteou com o primeiro sexo que jamais tive no qual eu pensava em palavras, que eu queria descrever e preservar em palavras. E então começou a escritura. Toda vez que ele vinha e ia embora, eu ia direto para meu caderno e escrevia tudo. Estava experimentando um prazer impossível, e tê-lo no papel provaria que o impossível existia.

Eu sabia que algo profundo havia acontecido comigo: tinha me transformado daquela pessoa pequena, machucada, ferida e infeliz em um canal de prazer que era bem maior que eu, um prazer que não pertencia a mim, mas que eu podia sentir. E não podia experimentar isso em silêncio. Eu tinha de contar a alguma platéia desconhecida e indefinida. Talvez aquela platéia na verdade fosse eu mesma, meu ser inacreditavelmente ateísta escutando meu ser sexualmente transformado falar sobre esperança.

Ele beija minha barriga, entre minhas coxas, meus pêlos púbicos. Finalmente, com uma língua muito suave, muito gentil, faz contato com minha boceta, meu clitóris. Meus olhos se abrem. Vejos seus adoráveis olhos, olhando para mim, a boca enterrada em minha xoxota. Meus joelhos abrem-se 180 graus, meus pés pressionam os lados de seu peito, minha boceta é empurrada para dentro de sua boca, contato, contato, contato. Ele fica ali por muito tempo. Tenho muitos orgasmos pequenos e intensos. Ele move a língua e a boca rapidamente de lado a lado, depois pára no ponto mais alto, no meu centro, um pequenino ponto onde está concentrado todo o meu ser de emoção, poder e amor. As pernas e a barriga entram em convulsão, contraem, vibram. Através dessa liberação eu sei que não terminou, não acabou. Possuída, rebento. Meu torso levanta-se da mesa mais e mais, sua língua trabalha furiosamente, minhas pernas estão totalmente para cima, meus braços se debatendo. Estou chorando, gemendo, nunca antes tão consciente das lágrimas de alegria, de que alguém tenha sido tão bom comigo.

Toda vez que eu telefonava, o prazer era dado e recebido. Sua língua próxima, suave e rápida no meu clitóris tornou-se o centro do universo. E dedos por toda parte – dedos no meu grelo, dedos na minha boceta, dedos no meu cu – quantas ramificações pode ter um homem? Parei de dar gorjetas a ele. Mas paguei uma série de dez massagens por preço reduzido. Ele insistiu, por seu próprio bem-estar moral (e talvez para o meu), em sempre me fazer uma massagem – embora em mais de uma ocasião a massagem viesse depois.

Fiquei surpresa com o quanto gostei de chupar seu pau. Era porque ele tinha me mostrado amor primeiro e, cheia de gratidão, segui na direção de baixo. Paguei a esse cara o primeiro bom boquete da minha vida, que veio de minhas entranhas e trouxe lágrimas aos meus olhos. Era a primeira vez que eu ficava tão grata a um homem.

Nunca nos víamos fora do quarto em meu apartamento. Ficávamos no quarto, só indo à cozinha buscar líquidos e ao banheiro para lavagens. O quarto era o mundo. Nada de jantares, nada de encontros, apenas telefonemas para marcar uma hora. Porque meu quadril machucado tinha terminado com minha carreira de bailarina, as massagens eram pagas pelo seguro. Seguro para a ressurreição de meu desejo sexual profundamente ferido.

Fiquei obcecada por meu massagista. Tentava preencher o tempo entre as sessões, imaginando: "Eu vivo para vê-lo ou o vejo para poder viver?" Aprendi com ele que sou mais viva, mais observadora e mais inteligente quando estou sexualmente comprometida. E experimentei pela primeira vez a intensa beleza de ter hora e lugar para um amante quando o prazer sexual é o objetivo mútuo, a única intenção consciente. Apesar de tudo, nunca se sabe onde vai terminar um jantar. Quase sempre a conversa não dá certo e acaba com a possibilidade de fazer sexo depois. Gosto de saber quando vou fazer sexo – isso é muito importante para deixar nas mãos do destino.

As fronteiras do erótico... Minha teoria ganhou asas. Um quarto, uma cama, dois corpos, música, sem intrusões. Essa era a vida que eu queria ter e tinha – uma vez por semana durante um ano. "A moldura é uma fronteira que sela hermeticamente o objeto, para que tudo o que você experimenta, tudo o que importa, esteja dentro daquela fronteira", escreveu Joseph Campbell. "É um campo sagrado e você se torna o puro sujeito de um puro objeto." Percebi que a feiúra apenas entra em minha vida amorosa quando a vida real também o faz. Carros, telefonemas, contas, hipotecas, comida, família, horários, dinheiro – esses são os de controvérsia e controle, e eles destroem a ligação erótica.

Será que ele me amava? Será que fantasiava sobre mim? Será que sonhava casar-se comigo? Será que imaginava se eu tinha outros homens, e odiava isso? Será que eu me infiltrava em todos os momentos que ele passava acordado? Será que ele imaginava como nossos filhos seriam? Se a obsessão mental é a evidência do amor, não acho que ele sentisse amor por mim.

Mas ele me amava quando estávamos juntos. Ele focalizava toda a sua atenção em mim? Era gentil, indecente, charmoso e completamente devotado a multiplicar meus prazeres? Ah, sim, ele me amava totalmente. E esse tipo de amor tornou-se o tipo que eu queria. Comecei a desconfiar de homens mentais, homens falantes e declarações verbais de amor. Não se pode amar apenas com palavras. Eu tinha tentado isso. Dar e receber palavras de amor, sejam geniais ou shakespeareanas, é um ardil apresentado por poetas com paus incapacitados. A pessoa ama quando age. A linguagem pode clarear, explicar e divertir, mas não pode mudar seu ser. A experiência pode.

Certo, eu o amava. Até não o amar mais. Não acredito que o amor só é real quando dura muitos anos e é sinalizado pela aliança de casamento. Minha aliança de casamento só havia me confinado, roubando-me, por fim, a liberdade e também o amor. O amor, para mim, existe apenas num momento de escolha num determinado instante: não há outra manifestação a não ser aquela disponível agora. Repetir esses momentos é o segredo.

Mas o massagista não era real, decidi. Era apenas meu anjo sexual provisório, que ficava reaparecendo com sua mensagem divina no meu quarto em horas previamente marcadas. Talvez, pensava eu, no fundo de minha alma não examinada, eu realmente fosse uma mulher convencional que simplesmente foi jogada para fora de órbita, e precisa apenas de um namorado. Talvez o massagista soubesse algo que eu não sabia sobre homens e mulheres, amor e sexo. Então também tentei namorar. Seis semanas por homem, direto para o sexo, oral, mas todas as vezes que eles me fodiam eu me sentia fodida e os dispensava, um por um. Eles entravam, saíam, davam a volta e eu me sentia usada e mal paga.

Então continuei chamando o massagista – a quem eu pagava. Era um negócio bem melhor.

A decepção é um grande mestre, se a pessoa sobrevive às feridas de seus ideais românticos. Depois que meu casamento terminou eu estava cheia de desejos, aberta e com raiva, e nada do que os outros faziam ou a "sociedade" sugeria em termos de conduta de relacionamentos necessariamente continha algum mérito para mim. Tudo o que eu sabia não havia funcionado, então eu estava livre para experimentar qualquer coisa. Acima de tudo, eu tinha uma valiosa experiência em primeira mão de que "relacionamentos" que existem na "vida real" cedo ou tarde perdem sua excitação erótica. Não era uma idéia particularmente original, mas eu agora a havia incorporado. Ao mesmo tempo, sendo uma sonhadora, eu tinha certeza de que tinha de haver outro caminho. Agora tudo estava ao contrário para mim: foda-se o amor e amar a chupada.

Eu estava descobrindo que, enquanto o palco teatral me deixava paralisada, medrosa e invisível, o palco sexual despertava uma teatralidade espontânea e confiante que eu sabia que era meu verdadeiro eu – ou pelo menos aquele que mais me agradava. Então, como uma cientista sexual, me

preparei para testar minhas teorias, para ajustá-las como necessário e para formular outras enquanto elas se desenvolviam.
Eu já tinha perdido tudo, então não tinha nada a perder.
Assim, eu oscilava entre experiências com o pesadelo do compromisso com sexo legalzinho e o estímulo do sexo perverso
sem compromisso – pegue seu Tantra e enfie na sua *yoni*.

Havia apenas duas regras que governavam meu comportamento. Uma era sexo inteiramente seguro – eu me tornei a Rainha das Camisinhas. A segunda era a importância
do controle de qualidade. Se o sexo não é impressionante,
ou pelo menos fascinante, saia, pare, passe a marcha e mude
a direção com o mínimo de discussão. Havia, como resultado, um monte de corpos descartados flutuando no fosso em
volta de meu castelo, mas a ponte levadiça estava sempre
baixada, convidando novos espécimes a entrarem em meu
laboratório. Eles vinham aos montes.

NOITE DE ANO-NOVO

Um ano depois. Uma bailarina de estilo pré-rafaelita, baixinha e ruiva, ficava me paquerando na academia onde eu fazia ginástica. Ela sabia que eu também era bailarina: magra, corpo rijo, fisicamente intensa. Eu nunca tinha ficado com uma mulher, embora pensasse bastante nisso. A realidade parecia muito, muito distante. Mas não estava tão distante quanto eu pensava. Ela vinha tentando, como me disse, pegar esse Garotão, que também malhava na academia de vez em quando, para fazer sexo com ela, mas ainda não tinha conseguido. Tinha acabado de sair de uma decepção causada por uma vida conjugal de sete anos. Heroína, mentiras, outras mulheres. Seu masoquismo mental, como o meu, precisava de um descanso.

Um dia, eu estava na academia num canto, fazendo alongamento num colchonete, quando vi o Garotão perto de mim, descansando entre os exercícios. Eu mal o tinha notado antes. Ele era quieto, calmo e malhava cuidadosamente. Sentada, tocando as pontas dos dedos dos pés, pedi a ele para empurrar minhas costas. Não era uma insinuação sexual; eu queria um empurrão, e o tive.

As mãos dele tocaram o meio das minhas costas, moveram-se para cima e para baixo, pressionando minha tensão, e eu soltei – até gemi um pouco. Não dissemos nada. Apenas seus dedos firmes empurrando profundamente, conscientemente, para cima e para baixo nas minhas costas. O tempo parou até ele tirar as mãos e eu levantar a cabeça, corada e de olhos brilhantes, como se tivesse acabado de gozar.

Nós nos olhamos, não dissemos nada, ficamos de pé, atravessamos uma porta de saída de incêndio para um corredor vazio e nos apertamos demoradamente um contra o outro, minhas costas na parede. Sem palavras: apenas olhos e uma corrente elétrica com voltagem européia. Há tanto poder nas mãos de um homem. Fisicamente falando, deve ser um tipo de força vibracional, uma dança imaginária de um milhão de moléculas. Seu toque era muito forte, muito destemido, e ainda assim muito delicado. E humilde. Minha barriga começou a se contrair involuntariamente e ele começou a tremer em meio a sua força. Nos rendendo, deslizamos parede abaixo, abalados. Eu nunca antes tinha sentido um impacto tão imediato com o toque de um homem, muito menos de um desconhecido. Eu sequer sabia seu sobrenome.

Era Ano-Novo aquele dia. A ruiva sugeriu que nós dois passássemos a meia-noite na casa dela. Ainda sentindo os efeitos de seu campo elétrico, eu concordei. Não tinha outros planos. Nem ele. Seria com ele? Com ela? Com os dois? Eu não sabia, mas estava querendo muito descobrir. E assim o destino fez o que quis de nós.

Nos encontramos na casa da ruiva às dez e meia. Aquela mulher conhecia a arte da ambientação como se tivesse nascido num harém: cortinas de veludo vermelho não apenas em todas as janelas, mas dividindo todos os aposentos; ornamentos dourados em abundância; nada de iluminação elétrica, apenas velas e incenso queimando como numa igreja católica; música sensual emanando de caixas de som invisíveis; palmeiras em vasos; imagens nuas dela mesma em várias poses teatrais nas paredes; e espelhos, espelhos por toda parte – o nirvana de uma narcisista. Eu já estava aprendendo com aquela mulher, aprendendo sobre mim mesma, aprendendo o que gostava.

Depois de uma taça de champanhe em *flûtes* de cristal à meia-noite, acabamos em cima de algumas almofadas exuberantes sobre seu tapete persa, assistindo Fred Astaire em *O Picolino*. O Garotão nunca vira o filme antes. E também não o viu naquela noite. Ele e eu fomos os primeiros a nos tocar, refazendo a conexão daquele dia mais cedo. Quando unimos nossas mãos, ela nos observou como um gato Cheshire e vagarosamente uniu-se também, a mim, as mãos nas minhas pernas.

Em pouco tempo, eles tinham se unido para tirar minhas roupas, magnetizando meu corpo com seus toques. Quatro mãos, dois rostos, homem e mulher, com urgência, amantes, sensuais, me tocando, eles me arrastaram em ondas de amor. Gentilmente, disputaram minha boceta; ele chegou lá primeiro, mas ela o empurrou para fora. O prazer foi ilegal de tão bom. O que há de errado em garotas com garotas? Absolutamente nada. Mas eu queria ir para a boca dele, e, em meu único movimento, puxei seu rosto para mim. Enquanto dava a ele tudo o que tinha e mais um pouco, Fred ainda estava girando sua cartola na tela muda preta-e-branca.

Depois a ruiva e eu o despimos. Ele permitiu, desejoso e ereto. Ela e eu nos unimos como boas amigas em torno de seu pau, que era duro, grande e belo. Quatro mãos, duas bocas. De tanto em tanto, o Garotão levantava a cabeça e olhava a cena daqueles dois anjos rezando juntos sobre seu altar vertical. Seus olhos se reviravam e, com um sorriso e um gemido, ele mergulhava novamente no prazer. Mas ele não gozou. Ela comentou sua resistência. Ele disse que sempre fora assim. Ela parecia saber bastante sobre paus e bocetas e eu simplesmente absorvia tudo. Ele era um dos abençoados, ela disse, um homem que realmente pode fazer uma mulher viajar. Descobri mais tarde por mim mesma que tipo de viagem poderia ser aquela.

Em seguida, a ruiva anunciou que estava cansada e ia para a cama. Ela nos mostrou um *futon*, que estendeu sobre o tapete persa, beijou-nos na testa, colocou duas camisinhas e uma garrafa de água ao lado do *futon* e desapareceu para dentro de seu próprio quarto. Ela era nossa fada madrinha, tinha sentido o que havia entre nós, tinha visto e tinha permitido, até mesmo planejado aquilo – apesar do fato de tê-lo desejado antes. Nunca uma mulher havia feito aquilo por mim antes. Eu amava a ruiva e sua casa de espelhos freudianos.

E então a bem-aventurança realmente começou. Até então, ainda não houvera foda naquela noite. Agora o amor se derramava do corpo daquele cara como óleo. Quando ele me penetrou, eu soube. Simplesmente soube. Ele trepava com amor, não com furor; com ternura, não com raiva; com calma, e não com desespero. O que o pau dele podia fazer por mim parecia ser a pergunta que ele estava respondendo. Ele fez muito por nós dois. Finalmente, uma trepada da qual eu gostava. Ano-novo, mundo novo.

Eu o encontrei mais uma vez, sozinha, antes que ele fosse para a Europa por duas semanas, mas simplesmente não tive coragem de amá-lo, então fiquei com um daqueles namorados temporários – monogamia, finais de semana fora, jantares, amigos, planos. Quando o Garotão voltou, me telefonou e eu disse que estava namorando, que eu não podia encontrá-lo. Ele era muito bom para ser real, eu disse a mim mesma, então escolhi em vez dele um homem pequeno e ciumento que nem gostava de chupar uma boceta. Por quê? Ódio de mim mesma, falta de fé e medo do que é bonito: o divórcio pode fazer você enlouquecer. Mas depois que o namorado bisbilhotou meu diário certa manhã, seis semanas mais tarde, e me confrontou com evidências questionáveis – eu tinha beijado o Garotão na academia e escrevera a respeito –, eu o dispensei na hora, meu ultraje maior do que o dele. Nunca mais o vi.

Então continuei a sair com alguns homens (para jantar) enquanto trepava com outros (sem jantar). Estava aprendendo muito – bem, aprendendo duas coisas, pelo menos. Eu preferia fazer sexo de estômago vazio e comer sozinha na companhia de um bom livro.

HOMENS

Apesar de todo esse aprendizado que estava surgindo, a convenção é difícil de matar e continuei experimentando namorados – com quem eu sempre me sentia amargamente mal por me deixar prender numa armadilha. Mas entre esses fracassos enganosos houve muitas investidas divertidas. O ator inacreditável de tão bonito que servia de modelo para as sungas Jansen, mas cujos olhos azuis fixos pareciam olhar dentro dos meus apenas para ver seu próprio reflexo. Foi a primeira vez que testemunhei o narcisismo de um homem que era indubitavelmente maior que o meu – que inconveniente coisa mais feia, pensei. Seu pau era grande e, suponho, impressionante, mas cheirava a desinfetante e guardei distância. O vizinho alto que parecia com o Nicolas Cage era um tanto idiota, mas fodia tão devagar que eu chorava com tanta beleza, com tanta tristeza. Depois houve o outro vizinho, o motociclista. Eu nunca tinha ficado com um cara que andasse de Harley, nunca tinha transado em uma Harley, por cima de uma Harley. Perdi um brinco que adorava. O entregador de jornais bonitinho; o clichê era bom demais para resistir. E ele realmente entregava bem a mercadoria.

    Tentei voltar com um antigo namorado. Grande amigo, mas não amante. Depois houve o sujeito que me segurava rápido com um braço, a língua queimava em minha boca, o pau em riste apertado contra mim enquanto acenava loucamente para um táxi com a outra mão para me levar dali. Esta se tornou minha imagem favorita da ambivalência masculina.

Houve o mágico que conseguia tirar um valete de copas de um bloco de cimento apenas segundos depois de eu entregá-lo a ele, mas que, extraordinariamente para um ilusionista, não conseguia chupar uma boceta nem que fosse para salvar sua vida. Os talentos variavam. Um cara potencial tipo Paul Newman me descobriu na Starbucks e me capturou com seus olhos. Ele conseguia ejacular, continuar duro e gozar de novo, até três vezes seguidas. Notável. Imaginei se eram orgasmos completos ou se ele simplesmente havia aprendido a dividi-lo para impressionar as mulheres. Ele até tentou obter o *status* de namorado, mas aquela sua palmada de dono na bunda me deixava louca. Uma noite, quando ele chegou para um encontro e pediu para pendurar sua camisa limpa da manhã seguinte no meu armário, eu soube que já tinha terminado com ele. Que ousadia. Sexo não significa café-da-manhã.

Felizmente, os caras bonitos – altos, esbeltos, bronzeados, pensativos, adoráveis, cheios de poesia e música – nunca consideravam ficar para dormir, mas eles também ainda não sabiam trepar. Fiquei intrigada com dois caras obcecados por pés. Chupando, beijando, esfregando meus pés calçados com saltos agulha, eles conseguiam ereções duras feito aço. Mas seria por mim ou por meus sapatos? Realmente tenho ótimos sapatos. Os dois tinham paus grandes – tipo do tamanho de meus saltos, estranhamente –, dissipando qualquer opinião errada que eu pudesse ter tido de que o fetiche era meio que compensatório.

Um charmoso jovem francês apareceu com o pau mais grosso que eu jamais tinha visto. Ele ajoelhou-se em cima de mim, enfiando aquela protusão enorme na direção da minha boca, dizendo "Chupa, chupa", com um forte sotaque francês. Era do tamanho de uma espiga de milho. Fiquei apavorada. As camisinhas não entravam, ficavam enrolando na direção da cabeça como uma piada ruim que acabava sendo muito engraçada. Finalmente, desenrolei uma por 7,5cm, ainda com muito pau sobrando, e demos uma trepada grossa de 7,5cm.

Depois de considerar seriamente as evidências de minhas aventuras sexuais, concluí que não gostava de penetração. O Garotão tinha sido uma estranha exceção. Ou eles não eram muito grandes, e eu me sentia pequena, e a coisa toda parecia fraca: a Princesa e a Ervilha. Ou eles eram grandes demais a ponto de me machucarem, e minha raiva crescia com cada enfiada, até que me tornava vítima de uma fúria monstruosa.

Além do mais, quase nunca tive um orgasmo fodendo, a não ser com o único cara que me fazia subir por cima dele e me "fazer" gozar. Ele ficava só deitado ali, rígido de corpo e pau, e eu seguia suas instruções e esfregava meu clitóris no seu osso púbico. Mas acho que isso não era gozar com penetração, isso era se masturbar com um vibrador vivo. Acabei me ressentindo de suas ordens, até que minha única defesa, ironicamente, passou a ser *não* gozar.

Todo homem que me comeu arriscou-se a sentir meu desprezo – e muitos o mereceram. Os inteligentes ficavam longe ou insistiam em amizade, enquanto os arrogantes mergulhavam em sua enorme satisfação – e eterno arrependimento. Havia também, claro, os românticos, que pensavam que queriam uma mulher como eu – mas não queriam, não de verdade, não quando viam qual era a minha versão de romance.

Será que eu era *gay* e estava perdendo meu tempo com homens? Adoro mulheres bonitas, femininas e radiantes; se eu era tão antipenetração e tinha uma preferência tão marcada pelo clitóris, talvez elas fossem um bom caminho a seguir. Mas vencer os homens – ou, mais especificamente, vencer o ressentimento que sentia por eles – sempre tinha parecido um desafio muito mais interessante. Calculo que toda mulher quer ter um pau entre as pernas, no fim das contas. A pergunta é: ela quer um que seja dela ou pode tolerar algum que pertença a um homem?

CALCINHAS PEQUENININHAS

Talvez não seja surpresa, dado meu passado dramático, que representações, figurinos e rituais tenham se tornado componentes cada vez mais essenciais de minha vida íntima em expansão. Minha cama tornou-se o palco daquele intenso drama humano chamado ato sexual. Eu sabia, por causa das apresentações em público, que artifícios, ambientação e ritual poderiam levar o participante a um estado de verdade e beleza com muito mais eficiência do que pensamentos ou boas intenções. Em meu quarto de dormir, onde troquei meus tutus por corpetes, minhas tiaras e sapatilhas de ponta por vendas nos olhos e saltos agulha, a lógica poética era óbvia. E calcinhas sem fundo encaixavam-se perfeitamente (elas sempre se encaixam) na tragicomédia que agora era minha vida sexual. Esse adereço íntimo, altamente subestimado e negligenciado, é celebrado ou mencionado tão raramente que devo fazer uma digressão apenas por um instante para retificar este enorme equívoco.

Enquanto a calcinha fio dental foi elevada a um *status* sexual muito além de sua real utilidade, a calcinha sem fundo está em seu devido lugar, ou pelo menos no lugar onde está meu clitóris. Eu comprei a primeira – com tristeza e otimismo – quando ainda estava casada. Preta, transparente, um pequeno biquíni de náilon sem nenhum tecido entre os elásticos das pernas. No momento em que a vi – pendu-rada num cabide de seda vermelha, numa *sex shop* que visitei quando estava em Copenhagen de férias – senti um calor correndo por meu corpo. Ah, outro *souvenir* dinamarquês para levar para casa junto com minha boneca da Pequena Sereia completamente lisa entre as pernas. Mas esse item solitário acabou juntando poeira no fundo de minha gaveta de roupas de baixo – até que foi descoberto, lavado e ressus-citado em minha nova vida de solteira, anos atrás. A primei-ra vez em que eu a vesti para um amante foi mesmo um dia corajoso. Mas ela recebeu uma reação encorajadora. Eu pre-cisava de outras. Mas onde comprar?

Calcinhas sem fundo normalmente são encontradas em lojas de brinquedos sexuais e, ocasionalmente, em pequenas quantidades, na Frederick's de Hollywood, onde a variedade também é bem limitada. Apesar das vendas satisfatórias, a Victoria's Secret parou rápido demais de oferecer suas pe-quenas calcinhas de puta com fendas no fundo. Mas onde, afinal de contas, está o "Victoria's Secret", o segredo de Vic-toria? Certamente não em seu endereço de devolução em Ohio. Acho que é aí que aqueles mestres em monitorar as fronteiras entre a decência e a vulgaridade impõem o limite para manter sua legitimidade. Mas as *sex shops* têm uma re-putação diferente para manter, e todas têm bastante esto-que. Custando em média um pouco mais do que sua calcinha básica de algodão, mas bem menos do que aquelas coisinhas de nada da La Perla, essas maravilhas sem fundo definitiva-mente farão seu dinheiro valer mais a pena.

Calcinhas sem fundo são na verdade pequenas obras de arte, e a arte está clara nos detalhes – ou cuidadosamente inserida na falta de detalhes. Elas são, em resumo, dispositi-vos de enquadramento de boceta – daí seu grande potencial para amantes, guiando inclusive aqueles que têm problemas de direção bem ao centro do parque de diversões. Ao contrário da suposição popular, elas vêm em diferentes estilos – cada uma com seu próprio *je ne sais quoi*. Eu atualmente tenho cinco modelos, com algumas duplicatas das minhas favoritas.

Há o modelo biquíni bastante normal – o meu é roxo –, aquela calcinha que, sob uma inspeção mais próxima (que afinal de contas é o objetivo), ostenta uma muito indecente pequena fenda de 7,5cm, debruada com renda preta no meio, o que basicamente forma um buraco glorioso para uma língua que está à procura – ou um pau. Em sua aparente inocência, essa é de certa forma a mais perversa do gênero – mas por outro lado talvez não seja... Há as pretas transparentes que elevam o conceito de fenda ao infinito: a fenda, cercada com fita vermelha, simplesmente vai do elástico da frente até o elástico de trás. Essas são calcinhas realmente muito práticas, permitindo acesso a clitóris, boceta e cu, embora, se a pessoa fechar as pernas, elas aparentem ser bem decentes.

Há também as calcinhas garotinha: brancas com pequeninas rosas vermelhas. Essas são estilisticamente bem complexas. Enquanto têm a cintura normal de uma calcinha, todo o fundo foi extirpado, deixando apenas dois pequenos deliciosos elásticos viajando entre as pernas da pessoa com nada no meio, a não ser a própria caixa de jóias da pessoa. Pêlos púbicos cuidadosamente penteados na frente adquirem uma forma triangular realmente adorável nesse modelo, e fico especialmente seduzida pelos lacinhos cor-de-rosa decorando as costuras principais, onde a pele e a calcinha se encontram. Como um todo, esse modelo verdadeiramente "sem fundo" talvez seja o mais elegante do grupo, mas também adoro uma outra bastante divertida que foi claramente baseada no *design* de um tutu de bailarina. Ostentando uma fenda na calcinha entre as pernas e um brilhante franzido de renda preta em forma de tutu em torno da cintura, ela é totalmente adorável.

Mas a melhor de todas, minha favorita, é a Borboleta. Tenho esse modelo em preto e salpicada de rosa. É a mais cara de todas e o motivo é claro – é de todas a que tem menos tecido. Essas pequenas e delicadas obras de arte incorporam a grande ironia desse traje em particular: são calcinhas sem fundo classudas.

No estilo fio dental, a área púbica superior é desenhada e tecida no formato de uma borboleta de asas totalmente abertas, decorada com anéis salpicados de gotas e lantejoulas brilhantes. Eu simplesmente adoro brilho, pompa e circunstância em torno da minha boceta – usaria cortinas vermelhas com franjas de ouro entre as pernas, se pudesse. Mas a verdadeira peça de não-resistência nessa calcinha em particular fica nas duas tiras finas de elástico que conectam os anéis mais baixos da borboleta ao centro da fina cintura de elástico atrás. Adequadamente posicionada, ao longo dos grandes lábios da xoxota, ela estica tudo de forma muito suave, acentuando visualmente de frente o início da fenda da pessoa.

Mas um dia essas pequenas faixas escorregaram – u-la-la! – e demonstraram mais uma vez que o acaso é a mãe da invenção. Com aqueles elásticos lá dentro, em cada lado do clitóris, a borboleta levanta vôo. Meu Deus, meu Deus, meu Deus – como é bom. E parece absolutamente além do pornográfico, é como alta arte erudita – como um Modigliani por Mondrian.

Ficar tão emoldurada, posicionada e exposta para depois seu amante descobrir o alvo – bem, eu poderia gozar agora mesmo só de pensar no assunto. Me parece ser no mínimo respeitoso usar essas várias e queridas calcinhas sem fundo para ajudar e cooperar com aqueles homens cujo único objeto é meu clitóris e cuja única recompensa é meu clitóris.

FAREJADORES DE SEXO

Naqueles primeiros anos depois de meu casamento, descobri que o grande antídoto para uma trepada ruim – ou para não trepar – era a fantasia, e a maior ajuda para a fantasia era o Farejador de Boceta: o homem que vive para enfiar a cara lá. Toda mulher deveria ter pelo menos um; ele pode curar anos, até séculos, de estocadas patriarcais. Graças aos céus, então, que a liberação das mulheres encorajou o que parece ser uma geração inteira desse tipo de homem: o macho masoquista que agora pode se fantasiar, legitimamente, de homem feminista, de lésbica machona. Eles podem ser reconhecidos nas esquinas de qualquer lugar. Estou dizendo: peguem um desses, garotas, e dêem trabalho a eles!

O massagista tinha me ensinado como fazer do meu orgasmo, e não o dele, o acontecimento principal, como permitir que o sexo oral competisse de forma bem-sucedida, que até superasse, a penetração. Afinal de contas, para as mulheres, cunilíngua é um prazer muito mais confiável. Essa é uma dura lição para uma garota legal aprender, ainda mais com tantos paus sempre pedindo atenção. O Farejador ajuda. E as calcinhas sem fundo também. Na verdade, é com um Farejador teimoso que uma calcinha sem fundo descobre seu verdadeiro lugar.

Primeiro como uma boa garota, depois como mulher casada que não ousava imaginar fazer sexo com mais ninguém além de seu marido, eu tive uma vida de fantasias muito pobres. Mas quando o massagista se tornou uma fantasia da vida real, esse mundo potente foi aberto de repente e meus desejos se libertaram num turbilhão.

Todas essas cenas não vividas me diziam muito sobre mim mesma. Havia a mulher rica que paga para ser chupada – e eu realmente pagava, à vista. Havia a garota malvada de saltos de 15 centímetros e maravilhas sem fundo – "Lamba meus sapatos! Lamba-os até limpá-los!" – e havia a virgem vitoriana vestida de algodão branco, cujo pai rico paga o "curandeiro" que dará a ela seu primeiro orgasmo: é a única maneira de salvar sua vida, já que ela está, claro, mortalmente doente. Ela resiste vigorosamente, fingindo dormir, fingindo frigidez, e goza como uma avalanche de pedras – trazida de volta da beira da morte pela língua anônima que passeia por ela.

As fantasias de puta eram prolíficas, e meus honorários, enormes. Descobri ser fascinante o fato de que o homem que se materializava nesses encontros quentes era muitas vezes quase fisicamente repugnante para mim – um homembesta. Sendo uma devoradora de beleza em geral, eu pensei muito no motivo de ter inventado esse cenário inesperado. Concluí que toda mulher deve ter um homem – real ou imaginário – para quem ela é uma puta, de quem ela é a puta. Eu sempre quis, ai de mim, ser a putinha de um cara. Não quero dizer apenas agir como uma vagabunda ou ser desejada apenas pelo sexo, embora esses sejam ambos excelentes objetivos. Quero dizer o sexo sendo para lucro – financeiro ou de outro tipo – mais do que para desejo físico. Se uma mulher é levada pelo desejo físico, ela é vulnerável;

com um homem-besta, obviamente, ela retém seu poder. Mas essa não é a parte mais interessante.

Também descobri que sexo imaginário com um homem para ganhar algo é incrivelmente sensual. A puta interior da pessoa ganha um treinamento de verdade, por assim dizer. Vender a sexualidade de alguém, por escolha, liberta os desejos de uma mulher das recriminações, das restrições e das opressões de boa-mocice que proliferam quando alguém está "amando". E assim vem a surpresa paradoxal: o amor é libertado como gratidão em grandes fluxos de uma incrível energia sexual sem censura. Com minha fantasia de homem-besta, alcancei orgasmos que eram finalmente, inteiramente, sem culpa; eles eram, afinal de contas, meu trabalho. Você vê, eu tenho uma impecável ética no trabalho, enquanto nos assuntos do coração não faço idéia de meus direitos, muito menos de sua aplicação. Quando o sexo se torna meu trabalho, estou livre – e com dinheiro na mão.

Descobri que se permitisse a essas várias fantasias vaguearem sem censura, elas iriam desvelar partes de mim mesma que de outra forma estariam inteiramente escondidas. Fiquei particularmente interessada na fração de tempo que precede o momento da inevitabilidade do orgasmo. Que pensamento, que dinâmica, que imagem causaria aquela perda de controle final e mágica? Aquele era o momento essencial que parecia juntar a consciência e o divino – e com freqüência descobri que esse caminho sublime era inspirado completamente por atividades de puta (veja acima – e abaixo). Esse encontro das galáxias na sarjeta ainda me fascina.

Aprendi, por exemplo, que muitas vezes alcanço o ponto da inevitabilidade através da inspiração de um medonho pensamento ou imagem de "última instância" que faz de mim, de minha boceta e de meu clitóris os mais expostos, os

mais vistos, os mais desprotegidos. A perda da responsabilidade – não-é-minha-culpa – faz isso o tempo todo.

Minha fantasia de ginecologistas funciona extremamente bem: sou a cobaia, por uma taxa de quinhentos dólares –
eu realmente preciso do dinheiro; é só pelo dinheiro – no
último semestre de aulas para estudantes veteranos de medi-
cina. Estou atrás de um grande lençol branco, fazendo aquilo só pela grana, consciente sobre tudo – isso é trabalho. Do
outro lado do lençol meus pés estão em estribos, as coxas
abertas e a boceta arreganhada para uma demonstração.
O médico que está dando a aula primeiro usa uma vareta para
apontar para os dez estudantes os locais da anatomia sexual
feminina. Depois, o doutor sacana começa a usar os dedos
para explicar melhor os detalhes. E todos aqueles estudantes, homens e mulheres, estão olhando seriamente para minha bocetinha depilada e rosada enquanto eu leio a seção de
Arte e Lazer do *The New York Times* do outro lado do lençol, *blasé* e anônima, sem sentir nada... acho.

A aula final é dedicada ao clitóris e à excitação sexual
feminina, com o médico sugerindo que, para conhecimento
completo, cada estudante chegue realmente perto para uma
única e bem merecida lambida antes do intervalo do almoço. Agora estou um tanto distraída e imaginando por que o
Times não tem uma seção de horóscopo, e então o médico
termina seu trabalho comigo, mostrando a todos aqueles
jovens homens e mulheres o quanto ele é realmente especialista naquilo. Agora sei qual é o meu horóscopo: é um "bom
dia", cheio de "oportunidades incomuns" com uma "oferta
tentadora" para uma "posição lucrativa prometendo inespe-
rada recompensa pessoal".

Sobre anonimato e sexo. Acho de uma visão muito curta
o conceito de sexo "anônimo" – real ou imaginário – como

"impessoal" e vergonhosamente indicativo das mal-resolvidas "questões íntimas" de alguém. Esse é um mal-entendido terrível, baseado no mundo pós-freudiano onde "individualidade" e "auto-expressão" foram elevadas a alturas inadequadas de dignidade, deixando a pessoa dominada com a pesada carga de "ser ela mesma" o tempo todo. Quem pode ser "ela mesma" fazendo sexo? Não eu.

No anonimato situa-se a liberdade da opressão – da personalidade do parceiro e do próprio ego exigente. Pessoas de olhos vendados são suas amigas, ocultando sua vergonha e a identidade de seu amante excessivamente humano. Sexo anônimo não se trata de uma fuga. Para mim, trata-se de um tipo de grandiosidade que não causa danos; quando sou anônima, existo como algo bem maior do que minhas particularidades. Torno-me um arquétipo, um mito, uma deusa de Joseph Campbell abrindo as pernas pelo benefício de toda a humanidade para sempre. Essa generosidade imaginada me traz os mais profundos orgasmos.

Um farejador heróico vinha e me chupava, devagar, devagar, não me deixando gozar. Às vezes durava mais de uma hora. Que maravilhoso é estar na posição de tentar segurar, de não implorar para gozar. Havia uma coisa que ele queria, lamber meu cu. Tudo bem, eu disse, pode lamber. Mas ele não lambeu meu cu simplesmente, ele comeu meu cu com a língua, muito impressionante aliás, nunca senti uma língua tão fundo antes. Ele não tirou a roupa e teve o bom gosto de nunca me beijar na boca.

Há um risco, entretanto, com os Farejadores de Boceta. Algumas vezes meu respeito acaba desaparecendo quando o homem está tão ávido para lamber minha boceta que sei que seu maior desejo é dar prazer, e que ele não é um verdadeiro amante das bocetas. Isso atrapalha. A intenção é tudo – posso senti-la com meu clitóris. É mais importante para mim que um homem ame as bocetas em geral do que a minha em particular. Afinal de contas, se ele gostar de todas elas, a minha passa a ser um gol de placa. Mas se um homem gosta apenas da minha e não de todas as outras, bem, eu simplesmente não acredito nele. Com esse tipo de homem eu aprendi a guiar meu orgasmo com a fantasia e, como ele, fazer o jogo do uso. Enquanto ele lambe furiosamente, cedendo ao desejo de sua co-dependência, eu folheio o arquivo Rolodex de todos os homens que conheci, todos assistindo, ereções apontando para o ar, vendo essa lambida no altar que todos eles ainda cobiçam. Funciona sempre.

É meu altruísmo, e não meu narcisismo, que estimula esta fantasia. Afinal de contas, um homem pode adquirir sabedoria em relação ao orgasmo de uma mulher: como diminuir o ritmo, apressar, ser consistente, não linear, persistente, imprevisível, paciente, ultrajante, generoso, brilhante. Não há, na verdade, filosófica e praticamente, nada de valor que ele possa aprender se transformar o delta de Vênus no local do Vesúvio.

Muitos homens lambem, chupam e sugam uma boceta – e não estou reclamando. Mas é raro o homem que faz isso com toda a sua consciência colocada na língua. É esta consciência que vai emocionar uma mulher; quando a consciência dela – que está no clitóris – encontra a dele, os orgasmos marcam um encontro. No final das contas, é aí – ou melhor, ali embaixo – que um homem aprende a ser um vencedor ou um perdedor, tanto com as mulheres quanto na vida.

TRINDADE

Se a velha trepada a dois continuava sendo um campo minado para mim, a trepada a três era uma delícia. A ruiva pré-rafaelita organizava reuniões e nós três nos encontramos quase todo mês, com regularidade não planejada, durante um ano. Voltei para meus amantes de ano-novo muitas vezes, faminta de amor e liberdade – um dueto anteriormente impossível em minha experiência. Diz Jesus no Evangelho Gnóstico de Tomás:

> *Quando dois se tornam um, e quando o interior se torna exterior e o exterior interior, e o que está acima se torna o que está abaixo, e quando o homem e a mulher se tornam um e o mesmo... então você alcançará o reino.*

Um dia, me arrisquei a chupar a pré-rafaelita. Primeira vez. Aterrorizada. Curiosa. Queria ver o prazer dela a fim de conhecer o meu próprio. Ela era uma ruiva autêntica. Chupar uma boceta quando você é uma mulher heterossexual é impressionante. Confrontar uma boceta tão de perto pela primeira vez – você nunca consegue chegar perto assim, daquele ângulo, da sua própria – é como olhar o narcisismo no rosto com um ressonante Sim! Profunda. Molhada.

Às vezes pode ser difícil uma pessoa ser ela mesma na própria vida sexual. Com outra mulher, a identidade de uma mulher recebe um solavanco brutal: ela é eu, eu sou ela, o prazer dela é meu, o meu é dela. A fonte, o centro, a origem da raça humana se tornam sua única visão. Criei laços com meu próprio sexo e aprendi a me amar. Também desenvolvi uma nova compaixão pelos chupadores masculinos. Uma boceta é um território selvagem e úmido de montanhas e vales e ravinas e cavernas poderosas, que sugam alguém como areia movediça. Uma vez lá dentro, você não pode escapar. Chupá-la é um ato de bravura.

A ruiva, entretanto, demonstrou pouca hesitação, e me chupou como uma mulher que sabe fazê-lo. Sacana, respeitosa e cruel. Seus dedos pareciam línguas, sua boca a de um bebê, sugando. Eu resisto aos dedos dos homens. Muito ásperos, muito grandes, muito rápidos. Meu escudo se levanta, meu clitóris se esconde. Meus orgasmos com ela eram longos, abertos e livres.

No Ano-Novo seguinte nós três nos reunimos novamente e ela tinha uma surpresa para nós: sua bela e jovem amiga belga que estava chorando a perda de seu amante, astro de *rock*. Um-dois-três-quatro, três de um e um do outro. Ela e eu e ele... e ela. Fiz um *striptease* ao som de Led Zeppelin, dançando em torno das sedutoras cortinas de veludo verde na porta do *boudoir* – um momento tipo Vivien Leigh em ... *E o Vento Levou*.

A garota belga era tímida, mas não se intimidou. A ruiva e o Garotão trocaram um olhar malicioso e, antes que eu pudesse perceber, eles tinham alinhado a mim e a bela belga na cama, lado a lado; ele devorou minha boceta enquanto a ruiva comia a dela. Olhei para a minha esquerda, trocando olhares e mãos com a belga. Me senti tão segura. Depois, ele e eu ficamos deitados de rosto para cima, embaixo da bunda suave e branca da belga ajoelhada, nossos lábios perto dos dela, enquanto a lambíamos em turnos. "Chupa ela" – eu digo e observo-o mergulhar e sugar e beber aquela boceta, outra boceta. Aquilo me devastou de alegria. Mais tarde nós abrimos outro *futon* e dormimos, os quatro, lado a lado. De manhã, subi no pau duro dele enquanto as outras duas olhavam, a belga estendendo o braço e segurando a mão dele, enquanto nós fodíamos para ela, para nós. Adorável e quente... como o inferno no fogo. Esse foi o dia de Ano-Novo. Essa era minha vida de descasada.

O Garotão e eu também trepávamos sozinhos. Mas quando a ruiva me contou que ela tinha transado com ele sem mim, não gostei – não gostei nem um pouco. Aquilo era democrático e dentro das leis – nós três não tínhamos regras –, mas era horrível sentir que tinha sido deixada de fora da festa. E era horrível, em meu recém-descoberto arrebatamento sexual, experimentar algo tão vergonhoso quanto o ciúme. Nunca havia sofrido disso antes, já que sempre tinha ficado com homens fiéis. Nós três nos encontramos na casa dele e tentamos conversar sobre o que estava me magoando.

Tudo bem que eu estava brincando com fogo, mas as chamas eram tão brilhantes que eu não podia, e não iria, reconhecer o aviso que tinha acabado de aparecer bem na minha frente. Em meio a todo o êxtase proibido que estava vivendo, eu ainda chorava bastante por causa de meu casamento, e ainda interpretava qualquer sofrimento como fraqueza emocional. Ser ciumenta parecia uma coisa tão horrivelmente chata, tão pequeno-burguesa. Certamente eu poderia superar esse sentimento com a prática, com a atitude correta de quem é pouco convencional.

Eles reagiram ao meu medo – de perdê-lo, de perdê-la, de perder nosso triângulo mágico – dizendo o quanto ambos me amavam. Eu lhes disse que os amava também... e que queria vê-los trepar. Coloquei a camisinha nele e, me apoiando em suas costas, guiei seu pau por entre as pernas dela e enfiei-o lá dentro. Nós dois a olhávamos de cima, aquela ruiva delicada e pequena, enquanto ele a comia, e eu vi a mim mesma ali, pálida, vulnerável e penetrada. Mas eu também era ele, comendo-a com um grande e belo pau, cavalgando suas costas enquanto ele pulsava nela, em mim.

Depois fiquei deitada de costas e ela subiu por cima de mim, pequena, frágil. Seios com seios, boca com boca, encostamos nossas bocetas, ruiva e morena, a dela minha, a minha dela. Por cima dela ele entrou em mim, seis pernas empilhadas umas sobre as outras. Levantei os olhos para os dois rostos que brilhavam para mim enquanto ele me comia. Agarrei os dois e percebi que aquele era um dos grandes momentos de minha vida – estar sendo soterrada, envolvida pelo amor. Ele sou eu é ela é ele e nós estamos rolando, trepando, escorrendo, rindo, sendo.

Esse sanduíche de sexo de várias camadas se transformou na imagem de minha teoria sobre nós três. Ele e eu nos conectávamos profundamente, tendo-a como nossa parteira, nossa protetora, nossa catalisadora, nossa cola louca. Como Colette observou, "certas mulheres precisam de mulheres para preservar seu gosto pelos homens". Ela nos iluminava, nos separava, e espalhava a intensidade avassaladora entre nós. Ela diminuía a terrível ansiedade do amor.

Meses mais tarde, ele anunciou que estava saindo da cidade por causa de um trabalho – por muito tempo, talvez para sempre. Nós rapidamente combinamos um encontro. Depois que ele chegou, ela telefonou para sugerir que começássemos sem ela, porque iria se atrasar. Bateu à porta bem na hora em que terminávamos de trepar. Nós a recebemos nus, mas ela vestia veludo vermelho e seda verde com rosas brancas frescas espalhadas nos cabelos, como Ofélia.

Eles me disseram para ficar deitada e relaxar, enquanto eles se uniam sobre sua presa. Ele estava com os dedos no meu clitóris, na minha boceta e dentro do meu cu, enquanto ela se inclinava sobre mim, suave, com seus cabelos sedosos e vermelhos por toda parte, sussurrando "eu te amo, eu te amo, eu te amo, eu te amo...". As ondas começaram a vir e mesmo assim ele continuou, mesmo assim ela sussurrou, acariciando meu rosto, "eu te amo, eu te amo, eu te amo...". As ondas continuaram, cada vez mais, com orgasmos deliciosos transformando-se em outros menos deliciosos e mais profundos.

E aí aconteceu. Uma onda começou em meus pés e pernas, subiu até minha barriga, meu peito, minha garganta, e minha alma explodiu pelo alto da minha cabeça. Aquela era a mais profunda experiência de prazer-amor que eu já tinha conhecido – ou testemunhado. Ela mais tarde explicou que o nome técnico era *"Kamikazi-Mega-Hiawatha"*. Aquilo soava bastante correto.

Então ele saiu da cidade. Foi embora. Embora.

Ela e eu nos encontramos numa tarde ensolarada e nos abraçamos na cama dela, cheias de dedos deslizantes – mas eu senti falta dele. Doces irmãs sem um pau entre nós.

HOMEM DE DEUS

A perda foi devastadora. Tal alegria nunca seria mais do que momentânea? Provavelmente não. Minha inabilidade para tolerar essa idéia levou-me a outro flerte com Deus. Dessa vez encontrei-o na Home Depot, uma loja de artigos de casa.

Eu estava num corredor nos fundos, com uma fita métrica e uma serra tentando cortar pela metade um rolo de madeira de dois metros para usá-lo para pendurar a cortina. A madeira ficava rolando para fora da bancada de corte e as coisas não estavam indo bem. Finalmente, quando consegui fazer o primeiro corte na madeira, minha bolsa de lantejoulas deslizou de meu ombro e a serra saiu voando de minha mão. Ele a pegou e perguntou se poderia ajudar. "Ah, sim!", disse eu, aliviada. Bem, talvez esse fosse apenas o filho do carpinteiro, mas eu não ia discutir detalhes referentes a geração neste momento crucial no corredor de madeiras. Eu simplesmente sabia que ele tinha me salvado.

Ele era alto, bonito, de cabelos fartos e fala suave. Carregou a madeira recém-cortada até o caixa e colocou-a na mala do meu carro. Perguntou se poderia me convidar para comer alguma coisa e atravessamos a rua para entrarmos numa lanchonete. Foi um almoço de quatro horas.

Como pode uma mulher solteira e liberada ter o indescritível prazer do sexo ilícito? Não, não com um homem casado: isso nunca foi atraente para mim. Mas com um homem celibatário. O sr. Home Depot era um cristão renascido. *E* um ex-"viciado em sexo". Ele disse que muitas vezes comia sete ou oito mulheres diferentes numa semana! Ai meu Deus! Poderia esse ser o homem perfeito? Deus, o Pervertido e o Farejador, todos organizadamente empacotados num texano de 1,90 metro. E além de tudo ele era jeitoso.

Ele me contou a história de sua conversão. Numa manhã de outubro, bem cedo, numa praia nas Bahamas, depois de uma noite de drogas e boemia, Deus — sem ser solicitado — falou com ele, dizendo: "A hora é essa." Estando eu mesma sempre à procura, fiquei com inveja. Por que Deus jamais tinha falado comigo? Perguntei se Deus tinha falado alto — eu o teria escutado também, se estivesse lá? Mas não consegui uma resposta clara para esse detalhe. Daquele dia em diante, de qualquer forma, ele tinha se tornado sóbrio e celibatário. Esse homem não fazia sexo havia 15 anos. Minha imaginação voou com a idéia de todas aquelas ereções solitárias. Bom, também, que ele não fosse um renascido recente, mas um renascido de longa data. Ele conhecia todos os livros da Bíblia, de trás para a frente, e ensinava a Bíblia na escola todas as semanas.

O casamento do Proibido com o Intangível foi meu afrodisíaco mágico: percebi naquele primeiro e longo almoço que o Renascido e eu jamais faríamos sexo, nunca, e assim meu coração começou a se abrir e minha boceta a desejar. De novo, o impossível tinha aparecido diante de mim. Ele tinha os maiores mãos e pés que eu jamais tinha visto. Escutando sua história, comecei a sentir uma conversão cristã chegando rapidamente até mim.

Ele disse que era difícil encontrar uma boa esposa cristã — a única maneira pela qual ele poderia fazer sexo legítimo novamente. Não entendi; ele parecia tão incrivelmente adequado. Depois ele admitiu com um sorriso tímido que gostava de mulheres um pouco putinhas – *vadias* foi a palavra que ele usou. Autenticamente, eu não poderia ser uma cristã genuína, mas vinha praticando putaria e vadiagem já há alguns anos. As contradições desse homem eram tão épicas quanto as minhas.

Perguntei a ele até onde ele poderia ir sexualmente antes que Deus ficasse com raiva: "Onde é a fronteira?" Uma hora mais tarde, eu ainda não tinha tido uma resposta, apenas um suspiro crescente enquanto a língua dele golpeava meu clitóris, no telhado de um estacionamento próximo. Ele tinha sugerido olhar a vista. Deus estava agora falando comigo também, e a hora *era* essa, e a vista, maravilhosa. E assim, eu também nasci e me renovei.

Nunca tinha visto antes, nem desde então, um homem olhar para uma boceta do jeito que esse cara fazia. Me senti penetrada apenas por seu olhar. Ele projetava uma fome inocente, de olhos arregalados, junto com uma luxúria imunda e um desejo divino. Está para sempre fixado em minha mente e é lembrado com facilidade, podendo me fazer gozar num instante.

O risco de ser pego em público fez milagres para o Renascido. Uma tarde chupei seu pau num estacionamento Denny's, bem na hora em que a multidão de senhoras de cabelos azulados estava indo pegar seus Pontiacs na hora do almoço. Ele tinha um jeito maravilhoso de ficar calmo, tranqüilo e vigilante por cima enquanto enfiava por baixo furiosamente na minha boca. Jekyll e Hyde, sagrado e profano, o homem tarado de Deus.

Outra vez ele enfiou o pau duro na abertura vertical de minha caixa de correios, dando estocadas em minha porta da frente enquanto eu o chupava do outro lado e os vizinhos passavam atrás dele no pátio interno. Talvez esse fosse um homem que eu poderia realmente namorar. Mas pouco depois ele me disse que tanto Darwin quanto o Dalai Lama estavam em geral errados sobre a maior parte das coisas, e minha breve esperança de um homem que combinasse o erótico e o espiritual desapareceu. Quando ele me disse que não acreditava em evolução (então eu tinha vindo do macaco, mas ele não?), sugeri que parássemos completamente de nos falar e encontrássemos uma boa fenda de correio através da qual pudéssemos nos comunicar.

Esse cara usava o nome de Deus como se fossem amiguinhos, e suas heresias se tornaram minha santa obsessão. Embora tivesse sido convidada para entrar em sua bem-aventurança para um *ménage à trois*, eu simplesmente não conseguia negar minha própria inteligência. Entretanto, testemunhar sua arrogância religiosa em toda aquela glória sem-vergonha inspirou minha libido a alcançar novas alturas, e toda ereção tornava-se uma vitória tangível sobre aquela devoção perturbada. Com meus saltos agulha vermelhos, meias arrastão e uma tanga, eu o convidei uma noite para entrar em meu quintal. Camuflado nos arbustos, ele espiou através da janela do quarto à luz de velas, enquanto eu me empinava para ele, me despia e me masturbava. Tudo estava em silêncio, mas eu podia ver sua hipocrisia enrijecida enquanto sua mão se movia furiosamente para a frente e para trás no pau. Deus estava olhando agora, enquanto minha boceta estava tendo precedência sobre Ele? Eu não conseguia ter Deus por mim mesma, então resolvi tratá-Lo como um competidor. Na verdade, cada vez que o Renascido me tocava em público, eu sentia uma espécie de potência religiosa emanando da minha boceta.

Fiquei com raiva do Renascido por não ser quem ele achava que era. E quem eu esperava que fosse. Eu queria que ele fosse real, um verdadeiro Homem de Deus. Novamente me descobri comida não por Deus, mas por Seu apóstolo. As falhas desse homem brilhavam cintilantes à luz de minhas grandes expectativas e subseqüentes frustrações. Eu o amei, você pode ver. Um pouco. Ele não podia vencer comigo, então finalmente os jogos se esgotaram e terminei nossa brincadeira de moralidade proibida para menores. A Foda Sagrada nunca aconteceu. Talvez fosse assim que ele mantivesse as coisas corretas com seu amiguinho.

O ÚLTIMO NAMORADO

Ao contrário das aparências, eu estava agora finalmente começando a adquirir uma impressão de disciplina romântica. Depois do desapontamento com o Cristão Renascido, motorista de caminhão, portador de armas e viciado em sexo, chegou a hora de um ateísta que alugava um Volvo, fumava maconha, era monogâmico e de esquerda. E de uma lição liberal de desapontamento.

Me recusei a chorar pelo Garotão impossível e o cristão louco. Então tentei o possível – um namorado com um pau fora do controle – e achei isso também impossível, mas de uma maneira diferente.

Há dois tipos de paus fora do controle: o primeiro, insaciável, e o segundo, meramente indisciplinado e de comportamento sofrível. Prefiro o primeiro, mas muitas vezes me encontrei com o último.

Num retorno estranho e inexplicável aos anos que antecederam meu casamento, eu concordei em ser monogâmica com esse cara depois de uma sessão louca de trepadas em meu sofá, no primeiro encontro. Ele pediu e eu entreguei. Talvez eu estivesse passando por um momento convencional depois da transcendente Trindade e do caso com o cristão bizantino. Desobediência naquele momento era definitivamente mais divertido, mais erótico, mas tinha um preço – a ansiedade do que é temporário.

Imediatamente, entretanto, me lembrei de algo ainda pior: a ansiedade do que é duradouro. Eu tinha me juntado com um ser humano solteiro defeituoso. O que eu estava pensando? Terapia semanal, durante a qual eu uivava assassinatos sangrentos, me manteve "trabalhando" a "relação" por mais tempo do que as seis semanas de costume. Durante um ano tentei ser namorada dele, chutando e gritando a cada passo do caminho. Até considerei tomar Prozac nessa última tentativa de ser "normal" e "convencional". Não é com as drogas, afinal de contas, que todo mundo consegue tolerar a monogamia?

Eu odiava ser objeto de uma paixão desesperada e controladora, mas senti que era de alguma forma uma postura moralmente obediente quando o homem me "amava". Finalmente me curei quando me descobri em posição fetal no chão do meu quarto enquanto o Namorado me deixava de lado por causa de um telefonema do trabalho. Eu tinha me humilhado além do limite.

O que há de errado comigo? A pergunta desgraçada sempre lembrando minha vergonha, a vergonha da garotinha que foi avaliada como sendo "altamente sensível". Mas com o Namorado eu tive um progresso. Fiquei tempo suficiente para permitir que a dor cortasse diretamente através de meu masoquismo mental e descobri o alívio do outro lado: meu sadismo.

Considerei a possibilidade radical de que poderia não haver nada "errado" comigo. A não ser talvez escolher caras que me adoravam, me seduziam e depois não conseguiam controlar seus paus, e assim precisavam me controlar. Eu protestava, ficava aborrecida e a discussão iria, de maneira bem-sucedida, desviar dos pênis para a minha histeria. Ah, a miríade de inseguranças, comportamentos destruidores, vícios e ataques de possessividade que habitam o homem que busca o controle. Há apenas um tipo de controle que realmente importa.

Com meu martírio de garota boa terminado, voltei-me para seu antídoto emocionante, a libertação da tirania. Eu não iria mais acomodar os problemas penianos – fossem eles inseguranças sobre tamanho ou largura, ou casos de controle perdido e não encontrado. Se um pau danificado e seu dono ameaçassem levantar suas cabeças em minha direção, eu simplesmente me moveria para fora de seu alcance e seguiria meu caminho.

Eu disse ao Namorado que ou nós terminávamos ou ele poderia me manter como sua amante – querendo, dona. Eu até escrevi as regras – uma paródia de uma pesquisa de sucesso feita por duas donas de casa sobre como levar um homem ao altar. Minhas regras levavam, ao contrário, à escravidão.

AS VERDADEIRAS REGRAS

1. Encontrar o outro no máximo uma vez por semana, a não ser em circunstâncias especiais e quando for uma decisão mútua. Uma semana é definida de Segunda a Domingo – portanto pode haver um encontro no sábado e outro na terça-feira, mas depois mais nenhum até a segunda-feira seguinte, quando uma nova semana começa.

2. Um encontro é definido como qualquer tempo passado juntos, sem limites específicos de horas etc. – um encontro tarado a altas horas e um fim de semana fora contam igualmente como um encontro.

3. Política de "não pergunte, não conte" sobre o tema da monogamia. Mas, quando juntos, ficar totalmente juntos – nada de possessividades ou paqueras etc.

4. Assuntos de fora que devem ser cuidadosamente evitados: trabalho, amigos e família.

5. Telefonemas existem apenas para dois objetivos: planejar um encontro ou, se desejado, um telefonema de agradecimento pós-encontro. Nada de discussões profundas de qualquer natureza no telefone – não sobre os outros, não sobre o nosso relacionamento, não sobre eventos esportivos que estão acontecendo.

6. As duas partes são igualmente livres para iniciar o próximo encontro e aquele que ligar de preferência deve ter uma "proposta", um "plano". Exemplo: esteja pronto às seis da tarde na sexta-feira com uma bolsa para dormir, óculos escuros e um casaco; ou encontre-me no Café Lulu às nove da noite, estarei sem calcinhas; ou cinema, jantar e sexo; ou uma ligação às dez da noite – estou chegando para chupar seu pau; ou me pegue e vou surpreender você; ou vamos falar e não fazer sexo... Tudo e nada pode ser um encontro, e a imaginação é tudo.

7. Quando juntos, requintes, acréscimos e subtrações às regras podem ser discutidos e negociados, embora seja necessário evitar ficar preso à tentativa de fazer com que os encontros sejam inteiramente sobre os encontros.

8. Todas essas regras, limitações e limites são projetados para permitir e proteger a possibilidade de explorar total, profunda e livremente o mundo erótico e o que quer que venha junto com ele.

9. Permitido dar presentes para o outro, mas absolutamente sem obrigação nessa área.

10. Qualquer emenda a essas regras deve ser claramente discutida e aprovada em conjunto.

Eu as passei por fax. Essas regras eram uma tentativa séria e insana de legislar a separação, de eliminar todas as áreas de disputa, de editar nossa vida sexual dentro de nossas vidas pessoais. Bem, valeu a tentativa. Na verdade, a número 3 era a única regra com a qual eu realmente me importava. Ela legislava a expectativa.

Ser a dona do negócio funcionou por alguns meses. Ele quebrou cada regra, uma a uma, como um garoto travesso. Comprou vestidos e bolsas para mim e em sua arrogância achou que ganharia de mim na competição. Mas era tarde demais. Me mostre um homem arrogante e eu mostro meu facão — ah, a raiva legitimada do feminismo! Eu finalmente tinha me libertado dos homens cuja sujeira era tão profunda que eu pensava que era minha. O que aprendi em cada relacionamento foi quanta dor emocional eu podia suportar. E essa foi a última ligação convencional que tive com um homem.

Esse relacionamento teve, entretanto, um inesperado aspecto consolador. Aconteceu assim. Quando o conheci, o Namorado estava imerso numa terapia com a primeira analista de sua vida. Ele a adorava, elogiava e queria que eu a conhecesse – queria a aprovação dela. Eu era a evidência de onde ele havia chegado. Eu também tinha uma analista, que me ajudava a lidar com meu divórcio, mas não a adorava. Concordei em conhecer a dele.

Depois de algumas semanas saindo com ele, eu já estava num estado de agitação completa e então fomos vê-la juntos. E eu a adorei também. Deus do céu.

"Não posso fazer análise com você também? Separadamente, sabe?" Ele achou a idéia boa – a mesma mãe, terreno conhecido e informação similar. Ela ficou menos entusiasmada, mas por fim concordou. Ótimo – eu finalmente tinha a analista dos meus sonhos e agora ela podia me ajudar a lidar com o homem muito chato que veio junto.

Ali estava um tipo diferente de triângulo – não sexual, por si só, mas mais traiçoeiro. Todas as minhas conversas com o Namorado eram sobre nossas terapias diferentes e ocasionalmente conjuntas. Nós certamente estávamos na cama com Mamãe – o problema foi que comecei a amar Mamãe mais do que o amava, enquanto ele permanecia convencido de que era seu cliente mais querido. Exatamente como quando um homem compra três danças particulares de uma *stripper*, tem uma ereção enfurecida e declara com toda a seriedade, "Acho que ela realmente gosta de mim!".

Quando nos tornamos apenas amantes, nossa querida terapeuta anunciou que um de nós dois tinha que sair – ou os dois. Se éramos potencialmente não monogâmicos e ela sabia daquilo, a terapia estaria comprometida. O Namorado anunciou que ele já tinha feito terapia suficiente e estava pronto para seguir sozinho, reconfortado pela noção de que, quando um homem escolhe sua amada em vez de sua terapeuta, este é um sinal de sua independência e maturidade recém-descobertas. Isso foi bom, porque anunciei que eu definitivamente não abriria mão da analista, não importava o que pudesse acontecer. Escolhi minha terapeuta em vez de meu amado, o que era um sinal de minha própria maturidade: eu finalmente tinha decidido escolher uma mulher em vez de um homem.

Depois de quatro ou cinco meses como amantes, terminei completamente com tudo e, no último telefonema do Namorado, a elegante ironia tornou-se aparente: ele agora tinha perdido não apenas sua amada, mas também sua analista.

Vejo as coisas assim: você nunca realmente pode saber para que serve uma relação em particular – até depois de ela terminar. O Último Namorado serviu para que eu encontrasse uma mulher que iria não apenas testemunhar e analisar minha dor, mas cuja simples presença em minha vida era um eco de minha habilidade nunca-antes-possível de me afirmar acima, e além, de qualquer homem. E quando o Homem-A entrou em meu mundo, ela também me afirmou por trás – enquanto eu aprendia a lidar sexualmente com meu masoquismo e deixá-lo fora de minha vida.

DURANTE

HOMEM-A

A gente simplesmente não sabe quando ele vai aparecer. Aquele que vai mudar tudo para sempre, aquele que vai fazer seu mundo girar. Pode até ser alguém que você já conhece.

O Garotão já tinha ido embora havia dois anos. Nesse meio-tempo, eu tinha ficado com o Namorado, enquanto a ruiva pré-rafaelita tinha ficado com um músico de *rock* alto e magro, que usava mais maquiagem que ela: eles pintavam as unhas um do outro e estavam enlouquecidos com o amor monogâmico. Então, quando o Garotão me ligou, eu sabia que teria de ser um encontro a dois; a segurança de um sanduíche a três não era mais uma opção.

Fiquei petrificada. Meu dilema masculino se personificava nesses dois homens diante de mim: o Namorado era confiável na vida mas não no sexo, enquanto o Garotão era confiável no sexo, mas não na vida. Será que uma mulher nunca consegue ganhar? Minhas experiências já diziam que não. O Namorado era muito seguro, muito arrogante, muito possessivo. Mas o Garotão era muito perigoso, muito *sexy*, muito jovem, muito pouco presente. Mas eu tinha a Regra número 3 de meu arranjo, então pelo menos ele estava dentro da lei, tecnicamente.

Na verdade, a decisão de encontrar o Garotão na mesma tarde em que ele me ligou foi surpreendentemente fácil.

Naquele mesmo dia, mais cedo, o Namorado tinha espremido minha raiva ao ponto de uma ira assassina pontificando sobre "nosso" relacionamento – ele estava sozinho no "nosso" relacionamento, no que me dizia respeito. E então ficou combinado. Eram três horas, o Garotão poderia passar às quatro. Amor no meio da tarde, como Gary Cooper e Audrey Hepburn. Bem, nem tanto. Eu não tinha um violoncelo.

Com uma hora para me preparar, não tive tempo de pensar. Melhor assim, porque aquilo não fazia sentido. Mas aqueles que fazem sentido me deixavam maluca. Eu já tinha conhecido diversos homens que desejavam o matrimônio – e havia me casado com o melhor deles, mas encontrara apenas dor para guardar. Pegar um homem e rebocá-lo para o altar não era o que eu queria. Tinha uma suspeita horripilante de que todos aqueles "pedidos de casamento" tinham mais a ver com inseguranças e ciúmes do que com amor, com a idéia de me amarrar emocionalmente quando o que eu precisava era ser amarrada fisicamente. Eu não queria um compromisso para a vida inteira; queria um compromisso sexual. Por algumas horas que fosse.

Tremendo, fiquei de joelhos, sem saber mais o que fazer, e rezei para meu Deus desconhecido para que ele me permitisse me render àquele homem, naquele momento, apenas por aquela tarde. Não mais. Eu não podia imaginar mais. Eu só podia trepar uma trepada de cada vez. Teria eu coragem de não ter medo da beleza do Garotão apenas daquela vez? De ir até o fim com ele, sem saber se havia um caminho de volta? Eu me levantei e abri a água para encher banheira.

Tomei banho, raspei as pernas, passei talco no corpo inteiro, escolhi a música, fechei as cortinas, alimentei o gato, acendi o incenso e as velas e aí – muito excitada, muito apreensiva – vesti uma calcinha fio dental preta, um sutiã preto e um longo vestido de veludo negro.

A campainha tocou, finalmente. Abri a porta, ele entrou no apartamento e então entrou dentro de mim. Segurou-me em seus braços grandes, sem palavras, e me abraçou forte. Daí em diante eu fui dele. Permiti que isso acontecesse, e depois isso passou a ter vida própria. Durante as três horas seguintes, me fundi a esse homem de uma maneira que jamais tinha feito com nenhum outro antes.

Quando seu pau me penetrou, inteiro, a pressão me fez hesitar. Ele baixou os olhos para mim e disse, gentilmente, "Não vou machucar você". Na verdade, ele machucou – ele tinha um pau grande –, mas de alguma maneira eu entendi intuitivamente que a questão não era machucar, era algo diferente. Como na dança, eu sabia que tinha de trabalhar meu desconforto e cuidar dele, a fim de passar para o próximo nível.

E depois ele comeu meu cu. Foi isso o que ele aprendeu quando estava fora da cidade? Era a minha primeira vez. De todas. Meu Deus, como ele era bom. Quero dizer, mau. Que coragem a dele. Tão cheio de graça. Foi tudo muito devagar, muito cuidadoso, muito conectado e muito doloroso. Foi naquele instante, lá dentro, que experimentei pela primeira vez a experiência de me mover através da dor e do medo para aquele platô que fica do outro lado, onde encontrei aquele homem numa terra desconhecida chamada Bem-Aventurança. Bem-Aventurança não é uma região sem dor; é uma região pós-dor. Diferença grande.

O pau dele dentro de mim naquela viagem virgem era um milagre emocional e anatômico: o impossível tinha acontecido no meu cu. Agora, Deus tinha minha atenção total. Se eu tivesse andado sobre a água não poderia ter ficado mais maravilhada. Aquele foi meu primeiro ato de sacrifício que não estava enlameado no círculo vicioso do narcisismo auto-reflexivo, o primeiro que me levou a um lugar inteiramente novo, em vez de um novo ângulo do velho lugar. Eu me transformei desde então. Me transformei para sempre. E a transformação começou fisicamente, com o pau dele no meu cu – ato que sugeriu o mistério –, e psicologicamente, com minha decisão de permitir aquilo, a melhor decisão que jamais tomei. Eu simplesmente quis deixar aquele homem em particular entrar dentro de mim, literalmente. Eu quis quem ele era profundamente dentro de quem eu era.

Claro, também foi necessária a coragem da parte dele, coragem de querer, tentar e ousar comer minha bunda pequena e estreita. Eu o respeitarei para sempre por isso. Finalmente um homem que não tinha medo. O Garotão, o Homem do *Ménage*, transfigurou-se diante dos meus olhos. Nascia o Homem-A.

Algo mais aconteceu naquela primeira tarde. Parei de lamentar o fim de meu casamento. O lamento cessou, acredito, porque alguém mais tinha entrado em minha consciência de maneira profunda o suficiente para afastar a tristeza, transformando a perda anterior numa bênção, abrindo espaço para uma nova entrada. Ninguém tinha tentado entrar por minha porta dos fundos antes. Ali era onde ficava meu poder, e onde ele se transformava. Como anfitriã na porta da frente eu era, como você sabe, a Rainha Crítica, a Princesa Impossível, a criança raivosa. Mas com o Homem-A no meu cu, tornei-me novamente doce. Muito doce.

Em alguns dias, disse ao Namorado que tínhamos terminado. Totalmente. Eu não conseguia ser doce com ele, apenas sentia raiva. Ele podia morar na "realidade", mas aquelas três horas com o Homem-A clarearam tudo para mim: a "realidade" não era o meu lar.

POR QUE LÁ?

Assim que a gravidade retomou sua força em mim, imediatamente comecei a examinar minha experiência. Parecia um trabalho novo. Eu tinha ganhado um presente e agora tinha de tentar compreender alguma coisa. Por quê? Por que eu? Por que ele? Por que *lá*?

Eu tinha dado minha virgindade vaginal ao primeiro homem que prestou atenção sexual consistente em mim. Eu teria me casado com ele como apenas uma virgem o faria: com adoração e ignorância. Oito pênis mais tarde, casei-me com um deles. Dez anos depois, quando saí daquela união, estava cheia de um tesão louco, como nunca antes – um coelho num teto de zinco quente –, mas a penetração não era o que eu queria. Eu precisava de amor, admiração e adoração à boceta. Esse desejo insaciável regulava minha vida. Mas então o Homem-A chegou e jogou meu ego superanalisado para fora de seu pedestal de auto-importância.

Eu era uma virgem anal. Ele me mostrou, fisicamente, onde residia a minha raiva. A ira floresce no cu. Uma viela dickeniana, o cu. Apesar de sua entrada estreita e ignorada, uma vez aberta ela contém literalmente jardim sobre jardim de traumas passados enrolados, o aperto interno de tudo o que é emocionalmente insuportável. O Homem-A penetrou o local de minha raiva e cauterizou minha ferida.

Eu agora estava ganhando uma segunda chance – não no caminho vaginal bem pisado, mas num lugar inteiramente novo para minha consciência – e ele rapidamente tornou-se o lugar da minha consciência. Eu tinha me tornado verdadeiramente virgem novamente. Com a descoberta desse novo mundo, experimentei toda a maravilha e a beleza que uma defloração pode conter, mas raramente tem.

E então tudo começou, numa cumplicidade ingênua, uma vez por semana, duas vezes por semana, três vezes por semana. Quase sempre no fim da tarde. Ele era um especialista e eu o queria. Comecei a contar. Simplesmente parecia a coisa certa a fazer.

Nº 41

Ainda ardente depois do sexo, ele ficou de pé, ainda duro, e sorveu com força a água de uma garrafa azul.

"O que está acontecendo?", eu perguntei da cama, ruborizada e confusa.

Ele parou de beber, olhou para mim, fez uma pausa e disse: "Vibrações."

Ele diz que estamos aprendendo algo sobre o tempo. A passagem do tempo, a experiência do tempo, a verdade do tempo, a eternidade do tempo. O melhor tempo.

ENTRANDO PELA SAÍDA

Uma vez iniciada, eu não conseguia evitar pensar sobre tudo o que era anal. Incluindo a mecânica. O sistema digestivo é um tubo com direção única, onde contrações peristálticas compelem a comida da boca até o ânus. Dar o cu obriga a uma corajosa – e contrária – tentativa de viajar pela rota inversa.

Comer uma boceta é entrar numa caverna com apenas um ponto de saída – o buraco no colo do útero que dá entrada ao útero. (E, claro, é uma "saída" para a paternidade.) Sob circunstâncias normais, a boceta é um lugar bem fechado e expansível. A vagina é um receptáculo. O canal anal, por outro lado, é diretamente, apesar de complexamente, conectado à boca, o ponto de entrada, o lugar que alimenta a vida. Nove metros, ou algo assim, de tubo digestivo do reto ao cólon, passando pelo intestino delgado, o estômago, o esôfago, a garganta e a boca. Essa é a rota penetrada pelo comedor de cu.

O Homem-A e eu existimos na Terra além da penetração que gera bebês. Isso é bom também, não me entenda mal. Nós fazemos isso também, para esquentar. Mas nós vivemos na terra que fica além, que fica atrás. O lugar onde a profundidade é infinita e o amor parece infinito e até mesmo crescente. Penetração profunda, amor profundo. A profundidade física de alguma maneira leva até aquela outra profundidade, como se minha alma dormisse em minhas entranhas e agora tivesse acordado.

As instruções são claras: se você quer procriar, entre pela porta da frente, mas se quer realmente tornar-se parte do funcionamento interno de uma mulher, penetrar seu ser mais profundamente, a porta dos fundos é o seu portal. A ansiedade, aquela agonia sempre presente, existe por causa do conhecimento inexorável de que tudo deve terminar. Entre num cu e você vai entrar numa passagem que não tem fim. É a saída para o infinito. A porta dos fundos para a liberdade.

Além do mais, as bocetas já foram muito penetradas. Dêem a elas um descanso. Elas são notícia velha – cansadas, traídas, exageradamente usadas, reutilizadas, abusadas – e já foram excessivamente publicadas, politizadas e redimidas. Elas não são mais perversas, não são mais o lugar para desafios, rebeliões ou renascimentos. As bocetas agora são muito politicamente corretas. O cu é onde está o *playground* dos anarquistas, iconoclastas, artistas, exploradores, garotinhos, homens com tesão e mulheres desesperadas para abrir mão, mesmo temporariamente, do poder que foi conquistado tão dificilmente e cruelmente premiado pelo movimento feminista. Dar o cu reordena o equilíbrio de uma mulher com poder demais – e um homem com poder de menos. (Acho que isso explica a prevalência de comer bundas na pornografia heterossexual: massas de homens, refugiados do feminismo, observando, duros e sempre esperançosos.)

Em suas incursões dentro de mim, o Homem-A encontra novas paredes, novos ângulos, novos finais, e aquela voz autopreservadora de "isso é demais" ecoa através de meu cérebro enquanto sinto uma espécie de pressão, de resistência.

Mas eu nunca disse "isso é demais". Nunca. Eu respiro fundo, ajusto o ângulo e fico onde ele enfia, até que me abra e o receba ainda mais adiante. Eu me expando para ele e a dor diminui, transforma-se numa profunda sensação de liberdade – liberdade da dor, liberdade para ser louca, liberdade para me harmonizar com o universo. Isso tudo é físico. E é o nascimento do amor. O pau dele é meu cicatrizador a *laser*. Ele sonda todos os pontos dentro de mim e penetra minha armadura, a armadura da autoproteção, e os dois medos – amor e morte – momentaneamente afrouxam as garras e eu experimento um instante de imortalidade.

Trepada vertical. De cabeça para baixo, pernas sobre a cabeça, joelhos perto das orelhas, bunda para o alto, e ele se posiciona sobre mim como um acrobata, apontando seu pau para baixo, dentro de mim. Ele golpeia para baixo, para o centro da Terra, e eu fico presa à Terra. Aponto para cima, para fora, para o céu, para a Via Láctea, para os portões do paraíso, e vejo claramente, entre minhas pernas, seu pau bombeando como um pistão. Ângulo é tudo.

Nós alcançamos uma espécie de coordenação livre de gravidade, uma transcendência completa da "briga" – a briga que é a vida –, a confiança total permitindo mergulhos profundos, duros, longos e rápidos inteiramente sem contenções de autoproteção. Ondulando... E uma grande paz interna enquanto sou chacoalhada como uma sereia no oceano.

A TEORIA DO ESFÍNCTER DUPLO

Mais questões mecânicas: o esfíncter interno do ânus não está sob controle consciente. Ele é regulado pelo cérebro do intestino, o sistema nervoso intestinal, e é reflexivo, abrindo-se quando solicitado. O esfíncter externo, irmão do esfíncter interno, está, entretanto, conectado ao cérebro da consciência, e é regulado pelo controle da consciência – testemunhando a habilidade de se contrair e se segurar quando necessário, quando com raiva, quando com medo, quando estressado. O esfíncter interno é inconsciente, o esfíncter externo é consciente, e apenas centímetros os separam. Onde mais as mentes consciente e inconsciente de alguém estão tão intimamente conectadas, tão prontamente reguladas, tão facilmente sondadas? É um parque de diversões psicológico, com potencial muito intrigante. Coloque a bunda numa cama e muito se revelará.

Mas o esfíncter externo não começou tendo consciência. Por volta do primeiro ano de vida ele era inconsciente, regido em conjunção com o interno, e agia por necessidade – por isso as fraldas. O cérebro e a medula, na hora do nascimento, ainda não estão suficientemente desenvolvidos para o controle consciente.

Aí chega a hora do treinamento para ir ao banheiro. Quando o cérebro está suficientemente sofisticado e os pais encorajam (ou gritam) o suficiente, o pequeno ser de um ano e meio torna-se consciente daquele esfíncter anal externo e aprende a prendê-lo, controlá-lo, e a não deixar a merda voar a cada necessidade. Nasce a vergonha. Tudo isso para dizer que, quando dei o cu, aprendi a brincar com ele, e até reverter aquela traumática tomada de consciência de tanto tempo atrás, quando tinha que apertar meu cu, segurá-lo, não mostrá-lo a ninguém. Afinal de contas, Freud criou a hipótese de que a merda é o primeiro presente que se oferece aos pais – a primeira produção criativa da pessoa.

Apenas agora – depois de dar o cu 97 vezes – é que surge em mim a enormidade do poder que reside nessa área. É uma terapia emocional e física no nível mais profundo: revisitando e literalmente aprendendo a confiar suficientemente para abrir a saída proibida e entrar na zona proibida. Como bebê, o primeiro grande NÃO do mundo que conhecemos é o NÃO perpetrado por um esfíncter anal externo frouxo e inconsciente. Dar o cu é a forma mais extrema de rebelião contra os pais, quando se pode ceder ao desejo – retornando não às transgressões adolescentes, mas ao dano original.

Experimento uma regressão a uma idade muito remota quando ele está no meu cu. Faço gugu-dadá, rio como um bebê e sinto a alegria que deve ter existido antes que a ansiedade tenha tomado conta de mim. Como se tudo o que eu jamais quisesse fosse ser amada sem prender o cu, mas permitindo que ele seja como é. E o que se solta junto com meu esfíncter anal? Um amor que é enorme, um amor que esperou décadas para ser libertado, um amor que voa livremente, um amor que é infinito no instante de sua concepção.

Certo, eu entendo. Você está pensando: amor infinito é bom, mas e se eu sangrar no caminho? Por questão de segurança, jamais deixei de usar camisinha, mas também nunca, jamais sangrei. Isso pode ser uma questão da habilidade do amante da pessoa, mas também pode ser que alguns traseiros, como o meu, sejam simplesmente mais capazes, mais elásticos, do que outros – uma bênção genética. Se você sangrar, não faça. Eu não faria. Ponto.

Também sei que quando alguns de vocês escutam as palavras sexo anal não vêem nada além de merda – merda, merda por toda parte. Merda na cama, merda no pau dele, merda na sua bunda. Estou aqui para dizer a vocês que não é exatamente assim. Dificilmente há resquícios, jamais. Tudo o que você tem de fazer é incluir em seu banho normal uma pequena limpeza tipo dedinho no cu, anterior à visitação anal. Que mulher não lava a boceta antes do sexo? É a mesma coisa, apenas lave seu cu também. Merda também não é o meu negócio – não quero ver, nem cheirar, nem limpar. Dar o cu não tem nada a ver com merda. Tem a ver com não ter medo da sua merda, com ultrapassar sua merda – e encontrar a merda que interessa.

Nº 98

Ele comeu meu cu às 23h20 da noite passada tanto, com tanta força, com tanta facililidade, tão hilariamente, tão vagarosamente, tão rápido, tão, mas tão fundo. Depois de 45 minutos ele diz, "agora vou comer sua boceta". E ele comeu minha boceta em todos os seus 360 graus. Depois ele diz, "agora vou entrar em território sagrado". E ele o faz, untando meu local sagrado — o túmulo de meu passado — com seu sumo batismal blasfemo.

"Acho que é seu maior dom", ele diz depois.

"Qual?"

"A submissão."

PERFIL DO COMEDOR DE CU

Comer o cu de uma mulher é algo que está claramente ligado a autoridade. A autoridade do homem e a aceitação completa da mulher. Um homem deve ter confiança, nele e em
seu pau, para comer o cu de uma mulher. Se ele não tiver
esse controle, o pau dele vai dirigir a ação; ele vai se mover
muito rápido, machucar a mulher antes desejosa e, raramente,
com razão, terá uma segunda chance.

Por que o Homem-A tem essa autoridade eu não sei.
A psicologia pode encontrar razões na infância, mas acredito,
no fim das contas, que é algo doado por Deus, um profundo
conhecimento de responsabilidade pessoal. Esse tipo de autocontrole e falta de desespero podem levar um Homem-A a
trilhar um longo caminho com uma mulher...Ou pelo menos a trilhar parte do caminho dentro do seu cu. No final, é
você quem vai levá-lo a algum lugar. Ou a lugar nenhum.

Ele me disse uma vez que gosta de estar onde não deveria, cruzando a faixa de veludo, com a mão no pote de balas,
atrasado para o trabalho, com o pau no meu cu, um cu muito
pequeno para o pau dele. O Homem-A entra tão fundo no
meu cu porque ousou fazê-lo. Ninguém mais realmente tentou. Qualquer pessoa que ouse ser tão íntima, tão louca assim, bem, pode simplesmente chegar a algum lugar onde
nunca tenha ido antes.

Sinto os espasmos do gozo no momento de seu primeiro toque, meu corpo, minha boceta, meu cu tão abertos que se desdobram visivelmente para sugá-lo para dentro. Nunca me abri tanto assim. Se eu ficasse aberta assim para outra pessoa, teria sentido a mesma alegria de abertura? Não. Eles iriam me aborrecer muito antes que eu me abrisse assim. É toda aquela tagarelice de besteiras que arruina tudo; revela demais. O Homem-A é o homem menos chato que já conheci. E o único que nunca se rende ao meu desejo.

Ao mesmo tempo, ao contrário da suposição fácil, não acredito que o macho arrogante seja o grande comedor de cu: ele é o bundão. Esse cara provavelmente nem gosta de mulher, está muito ocupado competindo com os outros homens. Em minha experiência limitada, o grande comedor de cu é o homem gentil e paciente, aquele que sabe escutar uma mulher, que sabe estar com uma mulher e que tem o equipamento que pode fazê-la diminuir a velocidade. Ele é aquele que pode experimentar com imaginação a submissão dela – sua falta de controle – e assim sabe precisamente como levá-la àquele lugar: ele absorve tudo o que ela dá. Ele é um homem bom, o Homem-A.

OBITUÁRIO

Depois de um começo tão impressionante, me preparei, como qualquer mulher inteligente o faria, para o fim. Grandes amores sempre trazem pensamentos de morte e separação. Aquilo era uma guerra – entre a decência e o desejo, entre a convenção e o prazer, entre eu, mim e eu mesma – e esse grande afrodisíaco preenchia meu desejo. Com a presunção, ou expectativa, da longevidade que não existiria, o canal de autoproteção e a apatia da segurança desapareciam, e a paixão preenchia o mundo. Bem, preenchia o meu, pelo menos. Agora era tudo o que havia, tudo o que eu tinha – e eu sabia.

O obituário aforístico era especialmente reconfortante. Meu testemunho serviria se ele morresse, se eu morresse, ou – o pior de tudo – se ele me deixasse.

Ele tinha o maior, mais duro e mais gentil pau que já conheci.
Ele foi aquele que comia meu cu, ao estilo missionário, antes de comer minha boceta.
Ele foi aquele que parecia bonito para mim quando estávamos trepando, os outros todos pareciam homens de rostos contorcidos – melhor nem olhar.

Ele não grunhia, nem gemia, nem gritava durante o sexo. Ele se iluminava e brilhava, os olhos bem abertos, sacudindo a cabeça, dizendo "Uau! Uau!" e aí ele me comia mais um pouco.

Ele foi o 33º homem, e o único com quem eu realmente gostava de trepar. Os outros eram apenas homens e eu permitia aquilo. Com raiva.

Muitos homens trepam entrando e saindo, entrando e saindo, entrando e saindo, mais e mais vezes. Mas ele trepava como se estivesse realmente indo a algum lugar. E estava.

Ele foi o único que teve tempo para ficar amigo de meu gato. Os outros olhavam minha pequena bola de pêlo como um atraso, um obstáculo, até uma ameaça. Eles simplesmente não entendiam: me ame, ame meu bichinho.

Ele foi meu sangue.

Ele foi o único que nunca se tornou real.

Ele foi aquele com quem mais me diverti.

Ele tinha o único pau que eu cultuava.

Ele foi aquele com quem eu não conseguia saber o prazer de quem me dava mais prazer. Com os outros, meu prazer era o único prazer.

Ele foi o cara que conseguia trepar durante três horas... e ainda assim não gozar.

Ele foi aquele que me mostrou a verdadeira alegria física. Os outros apenas me faziam gozar. Com ele eu chegava ao... Reino.

Ele era doce-doce-doce.

Ele foi aquele que gotejava amor. Através das pontas de seus dedos, seu movimento, sua pele e seu pau.

Ele não me deu nada fora da cama. Na cama ele me deu tudo que eu, como mulher, poderia desejar.

Ele trepava como um oceano em movimento.

Com ele eu não tinha aqueles orgasmos poderosos, mas tão breves e geograficamente externos, mas sim um maremoto que inundava meu corpo, meu cérebro e então se derramava em minha alma.

Ele nunca, ao contrário dos outros, me pediu para ser "dele" – mas eu era.

Ele foi aquele que me tratou como sendo dele – na cama.

Todos os outros me tratavam como sendo deles fora da cama, mas na cama eu podia sentir o cheiro de seu medo.

Com ele o sexo era transcendência, com os outros, poder.

Ele se lançou para dentro e para fora da minha boceta, do meu cu, da minha vida. Outros me sufocavam, desejando, tolamente, colonizar o que tinham cobiçado.

Trepar com ele era como respirar no largo espaço aberto.

Se eu nunca mais amasse novamente, morreria tendo conhecido um grande, grande amor.

Havia sempre aquele momento quando ele me comia em que todos os meus pensamentos cessavam e se voltavam para Deus: eu estava entrando em Seu território.

Ele não me agradava. Ele me possuía.

Ele, como você pode ver, foi o único que realmente amei.

Tendo agora imaginado seu falecimento, reuni a coragem necessária para continuar com o caso.

Nº 101

Ele está em pé perto da cama, nu, duro e belo, e diz: "Mostre a boceta para mim." Observa enquanto tiro minha calcinha, me deito na cama e curvo meus joelhos para cima, afastados. Olhando para minha boceta, ele diz: "Abra, bem arreganhada." Com uma mão de cada lado, eu abro os lábios rosados da minha bocetinha para ele. Ele se ajoelha à minha frente e chupa meu clitóris, corteja meu clitóris como um trovador quebrando todas as regras. Eu me derramei em sua língua e ele murmurou: "Você gosta quando chupo sua boceta, não gosta?"

"Eu morreria por isso", admiti.

Não consigo imaginar sentir amor maior em toda a minha vida, nem espero sentir amor maior, a não ser por ele. Nem eu jamais pediria ou quereria amor maior do que sinto por ele.

Com quaisquer outros, depois dele, eu vou precisar descansar.

AS REGRAS NÃO ESCRITAS

Não somos domésticos. Ficamos dentro do desejo, do quarto – e fora da cozinha, da lavanderia, do escritório e de qualquer outro aposento que possa ameaçar trazer aquilo à realidade. Em algumas poucas ocasiões, quando famintos depois do sexo, fizemos o jantar – bem, na verdade ele fez, mas depois comemos na banheira com velas, uma grande tigela de metal flutuando cheia de carne tenra e malpassada entre nós. Ambos na parte funda, claro. Nunca fomos a um cinema e não planejamos ir, jamais. Por que iríamos? Nós somos o filme: o filme pornô que não pode existir – visualmente impressionante, espontaneamente inventivo, genitalmente gráfico e visceralmente cauterizador de almas. Nada é previsível com o Homem-A. Sexo, dar o cu, essa é a única constante. Nós nunca deixamos de trepar.

Nós não somos monogâmicos. Nunca fomos e nunca seremos. Nenhum de nós jamais pediu isso e nenhum de nós jamais ofereceu isso. Oferecer seria a única forma de isso acontecer – nenhum de nós se intrometeria na livre escolha do outro. Livre escolha é o centro do que é excitante entre nós. O assunto foi discutido apenas para estabelecer o que deve ser mutuamente compreendido. "Não pergunte, não conte" é a política básica. Ele diz: "Eu não preciso saber." Ele presta atenção ao que é, não ao que não é.

Nunca tendo feito isso antes, pensei muito sobre o assunto. Se alguém faz sexo com outro alguém que não o Amado, o que acontece? Essa pessoa se arrisca a diminuir o afeto pelo Amado? Isso contamina o amor? Ou meramente confirma o amor de todas as maneiras, o contraste iluminando a beleza do Amado novamente, de outra maneira, de outro ângulo? E esse presente para o outro – a liberdade de permitir outras experiências – apenas eleva o amor. Amor sem correntes é que é amor.

A experiência de ser verdadeiramente livre, sem recriminação, sem julgamento, de escolher a qualquer hora, em qualquer dia, este ou aquele, apenas reforça o amor do Amado, reforça a escolha do Amado como Amado. Não ser monogâmico e exercitar essa opção assegura o grande amor – sendo sempre testado, ele é confirmado, reforçado, transformado, redefinido.

Se um homem pode possuir uma mulher sexualmente – realmente possuir – ele não vai precisar controlar suas idéias, suas opiniões, suas roupas, seus amigos, nem mesmo seus outros amantes. Em minha experiência de muitos amantes, apenas ele verdadeiramente me possuiu, e assim me libertou. Ele come meu cu durante horas, com um pau dois centímetros e meio maior do que o necessário para o trabalho: *isso* é possuir. Depois de uma rodada como essa, ele não precisa se infiltrar em minha vida, minha psique, meu tempo ou meu guarda-roupa, porque ele se infiltrou no âmago de meu ser – o resto é apenas decoração periférica. Dominação – total e completa dominação de meu ser –, é aí que encontro a liberdade.

Presumi desde o início de nosso caso que ele provavelmente estava comendo alguma outra mulher aqui e ali ou em outro lugar. E ele sabia que eu sabia. Não era a ruiva pré-rafaelita, mas uma morena bonita e tranqüila que também malhava na academia. Fiquei até com uma certa raiva do poder que presumi que ele tinha sobre ela. Eu sabia dela, mas ela não sabia de mim e isso funcionava muito bem. Eu até tinha minhas próprias fantasias com ela. Eu mesma poderia seduzi-la, dizer a ela para chupar minha boceta enquanto ele olhava. Esbarrei nela às vezes na academia e éramos sempre amigáveis; ela parecia ser uma mulher legal, tímida.

Ele e eu tínhamos até conversado sobre a idéia de uma trepada a três com ela – nós sempre nos lembrávamos carinhosamente da magia dos tempos da ruiva e imaginávamos se aquilo poderia ser reproduzido com mais alguém. Mas ele disse que não tinha certeza se eu gostaria do corpo dela. A proporção é importante para mim no que diz respeito a beleza, e embora ela fosse magra, não tinha peitos e tinha uma bunda grande. Bom o suficiente para ele, obviamente, mas talvez não para mim. Uma avaliação curiosa, mas provavelmente correta.

Com o passar do tempo, entretanto, essa mulher tornou-se cada vez mais abstrata. O Homem-A estava me comendo tantas vezes e tão bem que ela era facilmente deixada de lado, muitas vezes esquecida. Que ele seja livre para comer quem quiser e mesmo assim me ligue repetidamente, venha até mim e me coma parece uma prova diária de amor e desejo maior do que seria um compromisso de monogamia – especialmente se tiver sido feito apenas para prevenir que as inseguranças aflorem à superfície.

Será que o amor dele é tão profundo quanto o meu? Não ligo se for tão superficial quanto o meu é profundo, desde que ele e seu desejo duro feito pedra apareçam na minha porta dos fundos muitas vezes por semana. A sodomia dá a partida numa gratidão de grande escopo. Suspeito que até ele ter estilhaçado o painel de controle do meu ser – minha acuidade mental e meu poder físico – eu nunca tinha realmente amado antes.

Como você sabe que é amor, amor verdadeiro?

Quando você encontra aquele com quem você não tem medo de morrer. Aquele que manda embora a constante mordida do medo da morte, que nos dá ar para respirar.

Sem medo de morrer, esse é o sentimento que ele gera quando come meu cu. Penetração de boceta não vai tão fundo em minha psique; não quebra a barreira; não faz parar o medo.

O que veio primeiro, o amor ou a sodomia? O amor cresce do desejo. Isso eu sei. Além do mais, não acredito no amor. Já o ouvi ser declarado muitas vezes. Mas acredito totalmente no desejo.

Nº 121

Depois, eu digo: "Talvez não seja nem o sexo. É algo mais. Além do sexo." Tive um orgasmo clitoriano normal tipo batalhando-até-o-fim? Não. Cheguei sequer a pensar nisso? Não. Apenas uma tola iria se prender ao que conhece enquanto está sendo apresentada a um território livre além do orgasmo. Território de harmonia, de profunda harmonia com outro ser humano. Família. Ele é minha família.

K-Y

"Como está a sua tarde?", é o começo.

Ele tem um compromisso às seis, vai passar às três. Agora são duas. Falta uma hora. A cortesã toma o comando. Abro a água da banheira, muito quente, e deixo-a encher.

Confiro o estoque de camisinhas e reponho, sempre tendo muitas, pelo menos cinco, quanto mais melhor, numa sensação de fartura e muitas possibilidades, como pipoca. Confiro os tubos de gel K-Y, espremendo o conteúdo para a abertura e lavando-os depois na torneira, porque estão pegajosos da última vez. O calor cresce enquanto lavo esses tubos. Uso uma escova de cerdas duras para limpar bem embaixo do sulco na embalagem onde o polegar dele aperta para abrir. A sujeira sempre fica acumulada ali; é assim que sei que o tubo foi usado. Adoro lavar esses tubos com calma.

No início, comprei aqueles pequenos e finos tubos de viagem, bons para uma ou duas sessões, pequenos, discretos, passíveis de serem negados. Quando conheci, no início, o êxtase do ato, achei que poderia ser apenas uma ocorrência muito rara, um tipo de presente especial de aniversário. Considerei que não seria saudável para meu cuzinho ser invadido com tanta freqüência. Achei que a bem-aventurança não era gratuita, não era planejada e definitivamente não era algo que poderia me acontecer com muita constância. Tais considerações me levaram a comprar aqueles tubinhos de viagem. Mas eles eram fininhos e iam embora rápido, e a negação tornou-se um esforço. Dar o cu era parte de nosso repertório regular. Da vez seguinte que ele abriu a gaveta, tirou um tubo branco e azul gigantesco, de tamanho fálico, e quando viu aquilo caiu da cama de tanto rir. Foi um movimento arriscado para mim. Presunçoso. Prático.

Depois de muitos meses usando um tubo grande após o outro, coloquei dois tubos grandes na gaveta ao mesmo tempo. Foi assim que ele desenvolveu o ritual de espalhar os tubos enquanto eu chupava seu pau. Um homem bonito, com uma ereção feroz, atirando grandes tubos plásticos azuis e brancos pelo quarto (em qualquer lugar que fiquemos ele pode comer meu cu, bem ali, bem naquela hora, sem esforço): era uma imagem de esperança, a mais próxima de uma garantia que conheci com um homem. O anel de ouro em meu dedo anular esquerdo garantia muito menos. Logo havia cinco tubos na gaveta de uma vez só, cada um num diferente estágio, sendo o mais vazio o melhor.

Ainda não consegui descobrir quantas fodas de cu podem ser dadas por tubo de 120ml. Provavelmente umas 11. A US$4,19 o tubo, isso dá cerca de 38 *cents* por trepada... acrescente a isso o preço de uma camisinha (36 por US$14,99), a 42 *cents*, e a melhor coisa do mundo custa menos de um dólar. Depois descobri os tubos com desconto na Cotsco, dois por US$4, e comprei seis. Isso faz a coisa baixar para 60 *cents* por trepada. (Conselho para quem dá o cu: use óculos escuros para comprar K-Y e não se vire na fila do caixa: estão todos olhando para sua bunda, sem acreditar.)

Vou fazer um estoque de K-Y. O Lexus dos lubrificantes. Fico muito agradecida pela enfiada suave.

Assisti uma analista de *talk show* de televisão fazendo perguntas a um homem travestido para saber se ele era *gay* ou não. Brincando com rápidas associações de palavras, ela diz "Futebol", ele diz "cerveja", ela diz ... ele diz... ela diz "KY", ele diz "Kentucky". Ela anuncia triunfante que ele é heterossexual. E eu acrescentaria que certamente não é um heterossexual sodomita.

Dos lubrificantes líquidos, o Astroglide é rei. Mas estejam avisados: se misturarem Astroglide com K-Y durante uma simples e vigorosa trepada de cu, vai formar uma grande quantidade de espuma. Espuma por toda parte.

O que querem dizer o K e o Y? De acordo com a Johnson & Johnson, que fabrica o gel desde 1910 – seus atendentes foram muito amigáveis ao telefone –, não querem dizer nada, são apenas letras arbitrárias designadas pelos cientistas pesquisadores originais. Mas elas acabaram significando muita coisa.

SEM MARCAS

Agora que mergulhei tanto no pecado quanto no amor, meus testemunhos diários escritos servem para manter minha ansiedade da perda num limite suportável. Com ele eu vivo na beira do abismo. O terror de que essa experiência possa terminar compete com o terror ainda pior de que ela possa se perder para sempre.

Porque ele e eu não somos fundidos, a não ser durante o contato sexual, constantemente enfrento os espaços que existem entre nós. Ele nunca fica mais tempo do que o necessário, e, dessa forma, cultiva uma característica de escassez, componente erótico de poderosas e paradoxais conseqüências. Por um lado, o elemento de instabilidade claramente é um fator essencial, talvez o fator central, gerando a excitação total em cada um dos encontros. A paixão perdida da qual casais monogâmicos constantemente se queixam está sempre ali. E mesmo assim essa imprevisibilidade também me deixa com um grande tempo e espaço para cultivar as inseguranças do amor. Assim eu duvido, questiono, me preocupo e amontôo humilhações sobre mim mesma para as quais não há nem evidência e nem refutação. A voz vagarosa da convenção está sempre tentando reduzir e ridicularizar minha própria experiência transcendente. E mesmo assim eu nunca tentei controlá-lo a fim de evitar a ansiedade; sempre soube que ele não é uma extensão minha, mas um ser humano claramente separado.

Além do mais, estou bem consciente agora de que se um homem exibe muitos sinais de laços emocionais eu perco o interesse e o sexo começa a ficar carregado de obrigação. Desejo é sensual, é uma amostra de vontade livre; ligação emocional é o inimigo da vontade livre. O Homem-A, com sua escassez, tornou-se o primeiro homem a me manter equilibrada naquele ponto delicioso no qual eu tanto tenho sucesso quanto sofro; sempre-desejando, nunca-tendo-o--suficiente.

É mais fácil querer algo do que ter algo – e muitas vezes, quando você consegue a coisa que queria há tanto tempo, está ocupada com substitutos. Com ele, de alguma forma, o querer e o ter se combinam, simultaneamente. Ele é minha fantasia muito real, ainda que eternamente impossível; um homem que posso respeitar.

Vivendo inteiramente o presente, ele não deixa rastros. Está aqui quando está aqui. Vai embora quando vai embora. Outros hesitam na hora de ir embora, como um mau cheiro, mesmo quando nunca estiveram aqui de verdade. Ele é o mais presente e, como resultado, a ausência mais enfática e dolorosa.

Ele recua ao sentir a nostalgia, e detecta sentimentalismo do outro lado do quarto. A única evidência concreta de nossos encontros é seu pau cruelmente duro. Dificilmente algo que uma mulher possa guardar depois do ato. Ele mantém sua vida particular em particular. Não conheci seus amigos e não sei o que ele faz durante o tempo que não passa comigo. Ele rejeita fofocas, recusa fotografias e se abstém de bilhetes amorosos. Ele não é um romântico, é um adepto do aqui e agora. Ele age como um homem sem medo da morte

– ou que a desafia alegremente. Eu, entretanto, fico mortificada com minha mortalidade, então escrevo mais e mais, procurando evidências, criando evidências, do nosso caso.

Ele diz que não precisa de devoção. Ele diz que nem realmente precisa ser escutado. Se não é escutado da primeira vez, vai dizer novamente. O que realmente quer, ele diz, é a aventura, o cavalgar juntos, a oportunidade de entrar com alguém numa bifurcação do tempo.

O Homem-A é um homem com muitas utilidades. Ele pode pendurar um espelho com parafusos, limpar uma janela, assar um naco de carneiro, posar nu no jardim como uma escultura de Rodin e comer meu cu. Ele é um fazedor, não um pensador, e admite abertamente que deseja uma mulher mais inteligente do que ele. Eu nunca tinha conhecido um cara corajoso o suficiente para querer isso. É a confiança de um homem que é dono de seu pau e sabe exatamente o que fazer com ele e onde colocá-lo. Pensadores, pela minha experiência, não conseguem foder; eles estão muito ocupados com o significado e as metáforas, muito ocupados evitando sua ferramenta, com medo de entrar num buraco sem saída claramente demarcada. Ele é um subpensador – e superfodedor. O Homem-A deixa o significado das metáforas para mim.

Ele não me deu quase nenhum presente material. A não ser um. Um pacote com 12 blocos amarelos de anotações. Estou escrevendo num deles agora. Sujeito esperto.

Por que ele? Quatro motivos:

1) Ele me ama.
2) Ele sabe me comer.
3) Ele não me leva a sério.
4) Ele não tem medo de mim.

Ninguém mais teve essas quatro coisas. Muitos tiveram apenas a primeira, e até isso normalmente era apenas um sentimento, não um curso de ação. Se você me ama, deve me comer sem medo. Não quero ser escrava das inseguranças de um homem. Quero ser escrava das minhas próprias inseguranças.

ESTATÍSTICAS

Chega – por enquanto – da minha história. E quanto à sua? Não estou sozinha, sabe, em minha obsessão muitas vezes ilegal. Apesar da referência da decisão da Suprema Corte norte-americana em 2003 *Lawrence v. Texas* que torna todas as leis antisodomia inconstitucionais, os estatutos ainda estão valendo em 22 estados e em Porto Rico (e suspeito de que a Disneylândia tenha um regulamento em algum lugar dos artigos secundários). Todos os estados da União tiveram uma lei antisodomia até 1962, quando o Illinois tornou-se o primeiro estado a revogá-la. Seguiu-se uma firme difusão de revogações em mais 27 estados e no Distrito de Columbia – bom saber que toda aquela começão de cu na capital da nação finalmente foi legalizada.

Dos estados onde as leis antisodomia ainda podem ser encontradas na literatura legal, Kansas, Missouri, Oklahoma e Texas são os únicos onde "o vício dos gregos do qual não se pode falar" permanece ilegal apenas para homossexuais, enquanto Alabama, Flórida, Idaho, Louisiana, Michigan, Mississippi, Carolina do Norte, Carolina do Sul, Utah e Virginia proíbem-no não importa qual seja o sexo – ou espécie.

As definições variam: em Rhode Island, por exemplo, onde a lei foi revogada em 1998, a sodomia era um crime, um "abominável e detestável crime contra a natureza", merecendo de sete a vinte anos de cadeia – a menos, claro, que você fosse casado. Aí era totalmente legal. Pensar que você tinha de se casar para se tornar legalmente "abominável e detestável". Eu realmente respeito esse tipo de lógica legal.

A Carolina do Sul é o único estado que ainda define sodomia como bestialidade, um resquício bonitinho, presumo, da posição original do estado como colônia britânica. Esse estado também ostenta a impressionante distinção do maior número de processos: entre 1954 e 1974, houve nada menos que 146 casos de bestialidade, resultando em 125 condenações.

Uma tentativa em Oklahoma, em 1977, de revogar sua lei antisodomia foi malsucedida devido a um adiamento de votação por "coro de risadas", de acordo com os registros oficiais. No Arkansas, onde a sodomia foi definida como uma contravenção apenas para homossexuais, o projeto de lei foi explicitamente "destinado a excêntricos e homossexuais que vivem num mundo de contos de fadas e estão tentando arruinar a vida familiar". Boa coisa que esta lei tenha sido declarada inconstitucional em 2002, pelo menos para desviar a atenção da propensão da legislatura do Arkansas para a prosa esquisita e excêntrica.

O Minnesota alcança altos níveis nos direitos dos animais: houve uma vez um curioso adendo a sua lei, já revogada, estabelecendo que sexo "entre homens e pássaros" é estritamente proibido – parece que algum maníaco sexual deixou suas galinhas confusas. Como mulher que prefere a maior parte dos animais à maior parte das pessoas, digo sem reservas que acho que esse estatuto em particular deveria ser restabelecido para processar esses *Homo sapiens* específicos que ameaçam a comunidade das aves.

As penalidades que acompanhavam essas leis variavam largamente: no Utah, você podia se livrar pagando uma multa de mil dólares, tornando o estado um dos lugares mais baratos na União no qual praticar sodomia ilegal. Em 1857, um homem mórmon de 21 anos foi condenado a ser fuzilado por ter praticado "bestialidade" com seu cavalo, mas, numa reversão brutal, o mórmon foi poupado enquanto o cavalo foi morto a tiros. Muito sensato.

Falando de Utah, não consigo deixar de imaginar como os mórmons se sentem a respeito de sexo anal – com humanos, claro – com todas aquelas esposas e orifícios extras espalhados pela casa. Será que um gosto proibido pelas múltiplas opções leva a outro?

A pessoa tinha de ser muito cuidadosa, entretanto, no vizinho Idaho, onde o mesmo ato poderia levá-la à cadeia com todos os outros convertidos à sodomia. Essa enorme variedade de penas com tanta proximidade geográfica sugere que a fronteira de 240 quilômetros entre Utah e Idaho poderia ficar cheia de motéis baratos – a Linha da Bestialidade – cheia de gente de Idaho curtindo um comportamento limítrofe a preço de banana.

Apesar de seu novo *status* legal, a sodomia continua sendo o último tabu, sexual e socialmente. Oprah Winfrey fala de tudo – estupro, pedofilia, incesto, adultério, assassinato, drogas, homossexualismo, bissexualismo, até de *ménages à trois* – mas nunca, jamais, falou sobre sodomia, a não ser no contexto de comportamento abusivo e criminoso. Sempre é um escândalo, nunca uma publicidade. "Estranho como a literatura do século XIX está selada em suas duas pontas por um escândalo anal", observou o crítico de teatro Kenneth Tynan. "Wilde no traseiro de Bosie, e Byron no de Annabella."

Toda essa evidência me leva a acreditar que entrar pela saída nunca vai se tornar um comportamento predominante. Até o corretor gramatical de meu computador, que reconhece mais de 135 mil palavras, não reconhece *sodomizar*. Mas tudo bem. Eu sei soletrar isso.

INTERESSE PÚBLICO

Há, entretanto, um crescente movimento *underground* de comportamento heterossexual pela porta de trás, de acordo com a maior e mais confiável pesquisa nacional de comportamento sexual já publicada nos Estados Unidos. "Nossos dados mostram que o sexo anal foi muito mais preponderante do que se poderia esperar", começa a admissão seca dos insuspeitos pesquisadores. No total, 25 por cento dos homens e mulheres tentam fazê-lo durante suas vidas e 10 por cento já fizeram no último ano. Apenas 2 por cento, entretanto, o fizeram em seu "mais recente" encontro – eu simplesmente adoro estatísticas.

Todavia, entre as idades de 30 e 50, a predisposição para a sodomia de homens heterossexuais cresce para um respeitável um terço de cada homem. Um em cada três. Pense nisso na próxima vez que você estiver numa festa olhando em volta. Uma curiosa nota de pé de página observa que todas essas porcentagens são baseadas apenas nos dois principais parceiros de homens e mulheres. Traduzindo: se alguém está fazendo sexo anal com seu amante número três, então não se reflete nesses números. Não conta como comportamento estatisticamente válido se você é anal apenas com o número três? Por que eles não são incluídos? Suspeito que seja jogo sujo. Quem encomendou essa pesquisa, de qualquer forma? Ou, talvez, os pesquisadores tenham descoberto uma verdade escondida: quem quer que esteja comendo seu cu nunca será o número três, nem mesmo o número dois. Comedores de cu são sempre o número um.

Quando eles começaram a dividir a pesquisa anal em categorias socioeconômicas, as coisas ficaram ainda mais interessantes. Quanto maior o grau de educação, mais sexo anal. O que andam ensinando na universidade hoje em dia?

Talvez sem surpresa, tanto homens quanto mulheres ateístas são os mais prováveis entusiastas da porta dos fundos, mas os católicos correm num segundo lugar bem próximo. Para os primeiros é o prazer, a perversão e possivelmente sua única chance para a experiência religiosa da submissão; para os últimos, sem dúvida, trata-se unicamente de controle de natalidade.

Enquanto mulheres brancas são as receptoras mais comuns de sodomia (Sue Johanson, a Dra. Ruth do Canadá, diz que 43 por cento de todas as mulheres já tentaram fazer sexo anal), seus parceiros masculinos parecem não ser seus perpetradores mais prováveis. Homens hispânicos são o percurso mais comum das mulheres brancas para uma viagem ao outro lado. E pensar que o sexo anal realmente encoraja a integração!

Talvez mais politicamente correto ainda, embora menos predominante, seja o movimento de "comer o namorado". Esse movimento certamente merece... ah... bem, esses caras devem merecer algo por encarar não apenas o terror do homossexualismo, mas uma namorada utilizando com destreza um consolo maior do que seus próprios paus. E que movimento! A oportunidade de ser uma mulher, a oportunidade de descobrir simplesmente quanta submissão é necessária para ter um pau duro de 20 centímetros enfiado no traseiro. Vamos lá, caras, curvem-se... ajam como homens.

E aí está: o curioso padrão duplo comum a tantos homens héteros: aterrorizados para levar, mas todos ávidos para enfiar. O que é isso? Como eles podem esperar que uma mulher leve um pau na bunda quando eles gemem se qualquer coisa mais larga que o dedo mindinho é acenado em sua direção? Não que eu fosse querer nenhum homem meu sendo comido tão avidamente. Definitivamente não. O protesto é a única posição digna para um homem hétero quando ele consente em dar o cu. Protesto a cada centímetro do caminho, eu digo.

Há muito protesto na popular peça de Eve Ensler, *Os Monólogos da Vagina*. Mas por que em todas aquelas entrevistas, todas aquelas perguntas, todos aqueles monólogos, não há uma simples menção ao cu de uma mulher? Tão perto e no entanto tão longe; o espaço que poderia mudar o mundo. Todo aquele Papo de Boceta "liberado", e ainda se evita tanto falar sobre o que fica por trás de seu lugar sagrado: o buraco sem volta. Ai, ai. Seria traição, suponho, defender a submissão pelas costas para aquelas que estão finalmente cantando a vitória na frente. Vitória por trás, entretanto, parece muito mais, como posso dizer... honroso. Posso apenas imaginar se minha peça, *Os Diálogos Anais*, encontraria um teatro mesmo *off-off-off-*Broadway? Talvez em algum espaço escuro de *performance*, em algum beco dos fundos pouco freqüentado?

Claramente, gritar dos telhados sobre dar a bunda – ou nas ondas nacionais do rádio – não é aconselhável. Em abril de 2004, foi proposto que o Clear Channel Communications, maior emissora de rádio da nação, fosse multada em nada menos que US$495,000 pela Comissão Federal de Comunicação por um simples segmento de 20 minutos do *Howard Stern Show* no qual Stern debatia, de maneira um tanto demorada, algo a que se referia como "anal". (Provavelmente não ajudou o fato de que a conversa fosse freqüentemente pontuada por ruídos de peidos.) Graças a Deus, fazer sexo anal é bem mais barato do que falar sobre ele.

Apesar dessa nova tendência à censura sodomita, a começão de cu fez muitas aparições auspiciosas recentemente nas telas, tanto grandes quanto pequenas. O assunto foi tratado com regularidade na popular série de TV *Sex and the City*, cujas heroínas discutiam não apenas o crescente interesse dos homens "pelo cu", mas também sua própria concordância em acomodar esses interesses, se era adequado fazer isso num primeiro encontro, e o básico como-usar-lubrificante. Talvez ainda mais surpreendente tenha sido a sua menção no sucesso de Hollywood *O Diário de Bridget Jones*. Em certo ponto, quando Bridget está deitada na cama depois de fazer sexo com seu amante grosseirão, Daniel Cleaver, ela lembra a ele de que o que acabaram de fazer é ilegal em muitos países. Ao que ele retruca, sem perder o ritmo, que essa é uma das razões por ele estar tão satisfeito por viver na Inglaterra hoje.

Será Daniel Cleaver a última encarnação do amante *badboy*, a trepada selvagem do século XX? Afinal de contas, uma trepada selvagem pelo cu eleva o conceito de buraco a um nível totalmente diferente. Assim como a posição de missionário para dar o cu. O próprio termo invoca perfeita contradição: a posição mais patriarcal, a mais biblicamente permitida, e ainda assim, bem, que diferença uns centímetros podem fazer. A experiência do outro lado – mais bem alcançada com um bom e firme travesseiro embaixo da bunda – me faz sentir absolutamente missionária. Afinal de contas, aqui estou propagando a palavra, compartilhando a epifania como uma crente renascida, uma convertida, uma fanática anal.

Nº145 e Nº146

Nós acabamos de completar tanto a 145 quanto a 146 consecutivamente no curso de uma hora e meia. Ele não ficou mole. Agarrei a base do seu pau pouco depois que ele tinha tirado e gozado verticalmente, em cima de minhas costas curvadas, fazendo um arco sobre meu rosto. Seu sumo aterrissou em cheio numa almofada de veludo negra com um splat *de satisfação. Aquele olhar ainda estava em seu rosto, aquele olhar maluco fodido, e perguntei: "Posso lamber seu pau?"*

"Pode", disse ele gentilmente, generosamente. E nós fizemos tudo de novo. Bênção em dobro, gozo em dobro, diversão exponencial.

ME APRONTANDO

Se você quer a coisa toda, os deuses a darão a você.
Mas você deve estar pronto.

JOSEPH CAMPBELL

Enxugo os tubos K-Y recém-lavados em minha toalha de banho e os coloco de volta na gaveta ao lado da cama. Desligo a água da banheira e deslizo para dentro do calor molhado. Os joelhos levantados, encho minha boceta de água e a lanço para fora como uma fonte debaixo d'água. Observo as ondas na água, às vezes levantando meus quadris para poder ver melhor o esguicho na água. Depois de enxaguar, ensaboar e raspar, puxo a rolha, fico de pé e enfio o dedo médio levemente ensaboado delicadamente no cu e dou nele uma boa lavada com água quente. Você poderia lamber meu cu por fora e por dentro; ele fica totalmente limpo.

Fora da banheira me seco, passo creme e talco em todo o corpo – batatas da perna, coxas, bunda, barriga, braços, pescoço, seios – escovo os dentes e os cabelos, passo perfume nos pulsos e pescoço e pinto meus lábios de vermelho com um batom líquido.

Preparo o quarto, tirando todos os livros, papéis, revistas e controles remotos da cama e empilhando as almofadas num canto. Do armário eu tiro o Quadrado Rosa, uma almofada retangular que comprei porque gostava de seu padrão de flor-de-lis. Não combina com as cores das outras almofadas, mas se encaixa perfeitamente sob os meus quadris, levantando-os à altura do pau. É um dos confortos favoritos do Homem-A e uma vez, quando esqueci de colocá-lo na cama, houve um momento em que o vi olhando o quarto, perturbado: "Onde está o Quadrado Rosa?"

Entro no *closet* e escolho um traje. Às vezes um sutiã preto e calcinha ou, ocasionalmente, calcinhas sem fundo quando quero ser piranha. Mas o talento de piranha bem empregado não impressiona muito o Homem-A, ele apenas sorri com indulgência quando vê essas delicadas curiosidades sem fundo. Mas elas também não fazem com que ele broche.

Um longo traje de seda ou veludo, elegante mas facilmente levantável, é a escolha mais freqüente. Se estou sentindo vontade de me expor mais, escolho *shorts* curtos e apertados e um *top* reduzido. Dama ou puta, uso mules de saltos altos e não as tiro durante o ato – ou pelo menos tento. O som desses sapatos batendo no chão, arrancados dos meus pés, um por um, é o sinal de que as coisas estão indo bem, de que agora estamos chacoalhando, de que agora ela perdeu o controle de sua fachada, de seus medos, até de seus sapatos. Normalmente é quando ele está enfiado fundo no meu cu que não consigo mais me prender aos saltos.

Deixo meu traje na cama, encho duas garrafas de água, as coloco no quarto e abro para ele uma cerveja gelada. Fecho as cortinas e acendo velas – pelo menos dez. Incenso de olíbano acrescenta fumaça, a capela está preparada para a confissão dele – e o meu batismo. Desligo a secretária eletrônica e ligo a música. Gravito para cantos sagrados da New Age e cantos gregorianos – sobre os quais ele comenta com um sorriso: "Ah, vamos dar uma santa trepada hoje?" – ou Leonard Cohen ou Tom Waits gemendo como apenas eles sabem gemer: com angústia inimitável. Mas Ella cantando Gershwin é o melhor. Ella é sensual mas não é leve, é alegre mas não é sentimental, é séria apesar de engraçada – e completamente subversiva. Ella canta e me ensina a cantar. Ela canta sobre prostitutas, putas, Delilah e "diversão de menino-e-menina". Mas no final o que importa é a harmonia do ritmo. São harmonias de pagar boquete. Ella me inspirou a chupar um pau da maneira como ela canta – suave, tranqüila, profunda, surpreendente, maliciosa, indulgente, nítida.

Então a marca final. O telefone toca e ele sussurra em meu ouvido: "Chegou a hora." Isso me dá dez minutos para o ritual final. Raspar a boceta. Faço isso por último, por hábito. No início eu ficava tão desconfiada de que ele não fosse realmente aparecer, tão sem vontade de acreditar que poderia ter aquele prazer novamente, que até que eu recebesse aquele último telefonema eu ficava muito temerosa para raspar. Não gostaria de ceifar minha moita à toa. Uma boceta preparada sem uma festa para participar é um local triste. Seria mais desapontamento do que eu poderia suportar. Então deixo para raspar por último.

Estou nua agora, mas de saltos altos. Não posso raspar a boceta sem os saltos, nunca fiz isso, nunca. Eles alongam minhas pernas, transformando meu corpo num cavalete que segura a tela, o espaço entre minhas pernas, para o desenho vindouro. Isso me faz lembrar de Jackson Pollock por alguma razão – embora eu seja mais precisa do que ele na execução.

Pegando na gaveta duas lâminas de barbear rosa Daisy novas, removo o protetor plástico da primeira. Alinho as ferramentas: espelho, talco de bebê, gel de aloe.

Nesse momento de definição, pronta para me comprometer, mas antes da primeira raspada, sempre leio o poema de William Blake que mantenho no peitoril da janela do banheiro, numa moldurazinha verde e dourada. Ele se chama "Eternidade".

Aquele que ata o prazer a si mesmo
Destrói a vida que tem asas;
Mas aquele que beija o prazer enquanto ele voa
Vive no brilho do sol da eternidade.

Esse poema de quatro linhas é a razão pela qual tive coragem dia após dia, mês após mês, de deixar de lado o medo da perda e lidar com o Homem-A no presente, o único lugar em que existimos juntos. Nessas linhas encontro coragem para raspar a boceta, arriscando minha dignidade com cada passada do aparelho de barbear. Cada corte das lâminas revela minha vulnerabilidade mais do que meu sexo. Aposto que Bill Blake nunca pensou que essa cançãozinha profunda iria encontrar uso tão prático para um ato tão profano em solo tão sagrado. Não importa, ele é meu profeta.

Aparar boceta é um tema interessante. Sou uma crente completa. Aparem essa moita selvagem, mulheres, deixem-no dar uma olhada, deixem-no ter acesso. Depilar com cera não funciona de verdade. É bom por uma semana, mas depois há três semanas de pêlos encravados ou eriçados até que você possa depilar novamente. Não tolero pêlos encravados ou eriçados por três semanas. Então eu raspo, todas as vezes. Faço a seco, usando talco de bebê aos montes e duas lâminas duplas novas descartáveis a cada vez. Contra a raiz, mas delicadamente. Nunca corta e nunca tira uma fatia de camada de pele como quando se raspa molhada.

Então há a forma. Comecei com a preparação simples dos lados, a de tutu, dos meus dias de bailarina – um bom triângulo isósceles. Mas então fui a alguns clubes de *striptease* e fiquei com inveja daquelas bocetas muito expostas e sem pêlos. Agora raspo tudo o que está no meio, deixando os lábios lisinhos, lisinhos, e deixo um belo pequeno triângulo no alto – embora cuidadosamente eu raspe cada lado do início da minha fenda, apenas para destacar e expor o sulco mágico – muito sensual, muito pornô. Na cama, as pernas acima da cabeça, espelho na mão, raspo os poucos pêlos em volta do cu – e fico macia como um bebê. Nessa posição, vejo exatamente o que ele vê, o que ele ama, onde ele vai. Meu botão de rosa, meu Rosebud – não o do Cidadão Kane.

Me visto. Três batidas firmes na porta. Estou pronta.

Aritmética do Ano-Novo

Quarenta e oito trepadas anais este ano — isso soma sete por mês, que são 1,75 por semana, uma a cada 4,3 dias. Mas ele ficou fora da cidade 21 semanas, na cidade 31 semanas, o que soma 2,7 comidas de cu por semana, o que dá uma a cada 2,6 dias. Gosto da matemática; faço isso para acreditar. Eu e o Marquês de Sade: ele contava também.

O PAU DELE

Sempre achei paus muito feios – melhor não olhar muito de perto. Enrugados, assimétricos, tons de cores muito diferentes. Pendurados e bobos quando moles, curvados, cheios de veias e estranhamente lisos quando duros. Esperava-se que esta protuberância estranha me deixasse molhada? Visualmente, ela me secava. Visualmente, era engraçada. E assustadora. E eles todos querem que você lamba, chupe e esfregue. Ugh. A única coisa de que eu gostava era a metáfora, um monumento de desejo vertical. E aqueles pêlos desordenados por toda parte. É insultuoso. Quando me dignei a chupar um homem, os pêlos sempre ficavam presos na minha língua – e pode levar séculos para descobrir aquele único pentelho cacheado. Em resumo, um pau não era algo belo para mim.

Agora, as mulheres, sim, são bonitas. Seios, quadris, curvas, bundas, rostos, olhos, lábios, cheiro, boceta – tudo numa mulher bonita é, bem, bonito. Será que meus olhos jamais veriam um pau como um objeto de beleza? Eu os tolerava na pior das hipóteses e sentia uma afeição leve na melhor. E já que raramente faziam muito por mim durante a penetração, eu realmente não tinha um lugar apropriado para eles.

Então ele chegou e tudo mudou – naquelas primeiras três horas. A epifania do pau. Eu amo o pau dele. Cada milímetro, cada centímetro, cada movimento em cada momento. O dele foi o primeiro que falou comigo, que me conquistou pessoalmente, que nunca falhou comigo. O Homem-A fica calmo em face de sua própria ereção – o teste final da dignidade masculina.

Em minha experiência, muitos homens, quando ficam duros, não agem como se seu pênis fosse deles mesmos, mas como se tivessem subitamente se tornado sujeitos de algum tipo de dispositivo radar erétil que os força a abandonar toda a responsabilidade por seu comportamento errático. O Homem-A, entretanto, apresenta um completo paradoxo. Cheio dos mesmos sumos, dos mesmos desejos, da mesma dureza, ele nunca perde a cabeça. Ele usa seu desejo para criar um evento, para empurrar as fronteiras, para fazer algo que ainda não havia sido feito. Ele é o único homem que vi que pode andar por um quarto com uma ereção de matar e ainda assim parecer um homem com uma missão – focado, alerta, independente e perverso. Ele tem a ereção mais nobre que já conheci.

Às vezes conversamos sobre onde exatamente seu pau está entrando em meu corpo. Em algum lugar no centro, atrás do meu umbigo. Nós até medimos com a fita métrica. Difícil dizer o ângulo exato. O que é certo é que ele movimenta meus intestinos da direita para a esquerda, para a frente, para cima, para os lados e para trás. Isso realmente capta a atenção, ter um grande pau no seu cu faz a mente se concentrar. A cada vez é um renascimento. Perto de 150 até agora. Isso já é demais para recomeçar sua vida. Você pode se perguntar por quê, depois de tanto dar o cu, ainda estou contando? Sou anal! Aí está. De volta à terrível fase dos 2 anos de idade.

A melhor maneira de sentir, de conhecer o pau de um homem é através do cu, onde as paredes se grudam a cada centímetro em todo o seu caminho para a cabeça. Uma boceta tem menos sensação, menos nervos, menos força, menos poder muscular – e, quase sempre, menos interesse.

Uma boceta, geneticamente, quer impregnação, o sumo; uma bunda quer a trepada da sua vida. Ambos os buracos, eu postularia, harmonizam o problema da mortalidade como cavernas para criação: vaginas para bebês, cus para a arte.

Falando de Michelangelo, há a questão de aparar os pêlos, os pêlos masculinos. O Homem-A os apara. No começo ele não fazia, então um dia sugeri que um anel aparado em torno da base de seu pau pareceria maravilhoso, como um guerreiro samurai. "Depilação é o ato de um amante exigente", expressa o *Kama Sutra*. Ele pensou sobre isso por um minuto e então prontamente foi até o banheiro e sentou-se na beira da banheira. Enquanto eu segurava a luz, ele aparou. E aparou, e aparou. Ele foi bem além da idéia original e simplesmente cortou fora todo o pêlo – nos lados, no alto, no saco, embaixo do saco, tudo. Agora não há caminho de volta para os pêlos. Tenho um contato muito melhor de mão e boca, nada de pentelhos na minha boca e seu pau e seu saco parecem bonitos. Por que nenhum homem apara? Vaidade. O pêlo camufla a vergonha. Sem pêlo, sem vergonha.

VERSÃO CURTA E VERSÃO COMPRIDA

Toda essa conversa sobre tamanho. De onde até onde se mede? Pela frente? Pelo lado da barriga? Do lado do umbigo até a ponta? Ou da base à frente do saco? Ou, nesse caso, dos dois lados mais neutros? E, além disso, você mede o pênis numa ereção livre ou pode segurar a base e apertá-la contra o corpo e usar aqueles centímetros extras na medida? E com o que você está medindo? Uma régua que não dobra? Uma fita métrica que escorrega? A palma da mão? Um "bom olho" combinado com um bom palpite?

E quem tira a medida? Médico? Amante? O próprio homem? (Não dá para confiar nessa informação.) Com todas as possíveis – e prováveis – discrepâncias, eu diria que o cálculo do tamanho de um pênis é uma ciência muito inexata, um objeto de estudo de variações tão extremas que, quando os homens ficam insistindo sobre tamanho, não acho que eles estejam nem mesmo comparando pênis com pênis. No livro *Mulher: Uma Geografia Íntima*, Natalie Angier diz que a média do falo humano ereto é de 14,5 centímetros (imagino se ela conseguiu esse número tão preciso através de pesquisas de primeira – ou de segunda – mão? O termo *tra-*

balho manual subitamente ganha novo significado). Menos de 15 centímetros. Muitos metros menor do que o pau de uma baleia, mas quase duas vezes o tamanho do de um gorila de 200 quilos. O humor de Deus.

Tamanho importa. Quero dizer, importa a percepção do tamanho. Pelo homem. No fim das contas, tamanho tem mais a ver com atitude do que com centímetros – mas a atitude pode vir com os centímetros. O tamanho da atitude de um homem em relação a seu pênis é mais importante, e eficaz, do que uns centímetros a mais num homem de mente pequena. Por outro lado – ou pelo mesmo lado, ou até dos dois lados –, um pau maior pode levar uma mulher mais longe, mais longe dentro de si mesma. Mas algumas mulheres podem não querer chegar lá, ser levadas até lá.

A maneira como um cara mete é um fator de foda importantíssimo, muitas vezes subestimado. Um pau pequeno com uma estocada forte pode alcançar uma dominação maior do que um pau grande que mal se movimenta, que não consegue fazer a dança. Pessoalmente, não consigo amar um pau que não consegue me dominar. Senão eu fico com muito poder. E me torno totalmente tirânica.

E se deve considerar a largura, algo a que os homens se referem com muito menos freqüência, o que serve para provar novamente que eles ligam mais para os outros homens do que para suas mulheres. Um pau mais grosso pode gerar um sentimento ainda mais profundo de dominação do que um mais comprido – numa boceta, onde a sensação maior está no começo. No cu, o comprimento conta mais. É mais difícil ter um pau comprido lá dentro, mas é bem mais profundo uma vez que ele está lá; parece que está batendo em seu cérebro enquanto invade sua alma. Em suma, quando se trata de tamanho do pau, a fórmula ideal é largura para a boceta, e comprimento para o cu... o que, claro, ressalta a importância da variedade. Enquanto, obviamente, um pau grande não resolve tudo nem esgota o assunto até o fundo – poderia, é claro, se viesse acoplado a um cu –, pode ser uma resposta para o seu fundo, que é um bom lugar para se começar.

As mulheres aprendem que tamanho não importa, que é um fator secundário. Mas essa é uma teoria propagada por aqueles caras brilhantes e cheios de inseguranças que precisam de grandes teorias. Os caras que amam seus paus andam muito ocupados trepando para ligar para isso. Eles colocam os paus onde os outros colocam suas teorias. Como boa garota, acreditei na teoria – até descobrir que tinha me enganado, não tanto pelos paus pequenos, mas pelos homens que achavam que tinham paus pequenos.

Aprendi a tomar cuidado com um homem que não ama seu pênis. A suspeitar da miríade de caminhos, físicos e psicológicos, que ele usaria para compensar. Dinheiro, literatura, flores, poesia, promessas, propostas e chupação eficiente de boceta são algumas camuflagens às quais fui sujeitada. Mas é sempre, no fim, o caso da roupa nova do imperador, e a insegurança acaba aparecendo.

Mas sempre haverá muitas mulheres que são felizes, mais felizes, com a camuflagem. Então esses homens não precisam se preocupar – apenas certifique-se de que você está com uma mulher que prefere um colar de pérolas verdadeiro a um outro que pode ser lavado, e que prefere uma casa com hipoteca a seu pau no cu dela.

Admito que tenho inveja do pênis, mas apenas do grande – se eu tivesse um daqueles, comeria cada bocetinha bonita que pudesse encontrar, pregando cada uma delas à cruz de sua servidão com meu pau grande. Eu consideraria isso minha tarefa, minha obrigação, meu destino. Mas no fim – no meu fim, de qualquer forma – não são os centímetros que importam. Não tenho a sensação do comprimento real no cu, não há régua nas minhas paredes anais. Sinto o tamanho pela presença, pela pressão, pela profundidade. O Homem-A é viciado em profundidade. De suas profundidades espirituais e emocionais não posso falar com qualquer autoridade, mas realmente sei que ele vasculha as profundezas de minhas entranhas como um explorador vitoriano endiabrado, um cavalheiro possuído. Como *Sir* Richard Burton entrando em Meca, ele é o primeiro ocidental a se infiltrar nas selvas enroscadas das minhas entranhas, em meu território desconhecido, no coração de minha escuridão. E ele faz isso com uma arma de singular penetração.

Nº 156

Ele pendura um grande espelho dourado em meu quarto e eu chupo seu pau na sua frente, de perfil, testando o reflexo – que se mostra digno. Ele então senta-se na cama e diz, "Agora simplesmente vire-se de costas para mim e deslize no meu pau..." Estamos os dois de frente para o espelho. Obediente, me movo tão rápida, tão ávida, que meu cu é varado por aquela dor dos virgens anais. "Tudo bem, tudo bem", ele consola, "deixe que eu faço tudo..."

Ele me vira de bruços, me posiciona no Quadrado Rosa e encosta o pau na entrada do meu cu. Sem se mover, procura e encontra meu clitóris e trabalha nele até meu cu relaxar. Então, bombeia meu cu até o final dos tempos.

A AULA

Um dia nós tivemos uma conversa. Tendo descoberto como me entregar, eu tinha me comprometido a continuar fazendo isso. E isso queria dizer continuar passiva, sempre pronta a me submeter, a deixá-lo me manipular com força, a deixá-lo entrar no meu cu. Naquela tarde em particular, ele disse que adorava me comer – e comer meu cu –, que tudo era maravilhoso e que, se ficasse como estava, ele ainda adoraria tudo. Mas, ele continuou, se eu aprendesse a chupar seu pau realmente bem, aquilo seria um verdadeiro bônus. Depois de engolir meu orgulho, eu disse: "Está bem, me ensine." E ele ensinou. Tão bem. E então comecei a acrescentar coisas por minha conta.

Chupar um pau é uma forma de arte. Ele me deu alguns fundamentos. Molhado, molhado, molhado, quanto mais molhado melhor. Circundar a base acima do saco com um aperto forte é bom. Assim como circundar o pau e o saco com um aperto de uma mão só. Boca: nada de dentes, nunca. Suave, molhada, língua para dentro, ou melhor ainda, a língua esticada e lambendo. Depois temos as variações de movimento, rapidez, tensão e ritmo. Mude a direção, ele sugeriu – surpresa é bom. Não faça apenas um movimento, repetitivamente. Faça um movimento repetitivamente e depois mude. Por exemplo: a base circundada pelo anel feito com o polegar e o dedo médio, os lábios suaves em torno do pau, descendo por ele, construa um ritmo consistente, observe seu rosto, veja-o chegar mais perto, depois largue e lamba a parte de trás do pau, o saco, e depois sugue-o para dentro de sua boca, uma bola de cada vez, molhado, molhado, e com a boca cheia de bolas role-as pela sua língua como se fossem amêndoas, depois lamba de volta até o alto e engula a coisa toda pulsante até o fundo da garganta. E variações disso.

Profundidade é bom. Engasgar na garganta é bom. Se você não engasga pelo seu homem, como você pode realmente amá-lo? Sumos mais escorregadios do que a saliva vêm até a garganta e cobrem o pau. É o orgasmo de garganta.

Meus boquetes também promoveram outra melhora marcante na arena visual, depois de eu ter chupado seu pau na frente de vários espelhos diferentes. Experimentando em vários ângulos, aprendi sobre *performance*, delineação de movimentos, clareza de intenção.

Aprender a chupar o pau dele foi uma questão de concentração. Esse é o ato agora, e o único; não é uma preliminar, é o evento principal nesse momento. Peguei essas poucas dicas e pratiquei, pratiquei, pratiquei. É tudo prática, como balé, nada além de prática. Quanto mais eu praticava, mais descobria, mais adorava seu pau, mais adorava a mim mesma, mais adorava a ele e mais adorava chupar seu pau, mais felizes ficávamos. Agora ele fica tão feliz que seus olhos se afastam dos meus e reviram para o alto e sua respiração muda e seu rosto fica vermelho e eu me encho de alegria como um tanque vazio num posto de gasolina.

Foi enquanto me preparava para chupar seu pau numa tarde ensolarada que outra almofada, além do Quadrado Rosa, encontrou seu lugar. Eu tinha ganhado uma pequena e decorativa almofada em forma de coração em outro ano, no Dia dos Namorados. Ela media apenas 23 centímetros de largura, era firmemente estofada e ostentava faixas rosa, pretas e douradas de cetim na capa, com franjas cor-de-rosa em toda a circunferência. A primeira vez que o Homem-A viu esse exemplo especialmente idiota de frivolidade feminina, segurou-a na palma da mão, como uma bola de futebol, e perguntou com um divertido atordoamento: "O que é isso?", e prontamente jogou-a para fora da cama.

Ele nunca tinha visto nada tão completamente inútil ser chamado de almofada; uma almofada era para suporte e conforto, e aquele objeto em particular não oferecia nada disso. Até aquela tarde inspirada, quando a pequena almofada que estava no ostracismo subitamente encontrou seu lugar. Quando o Homem-A se sentou na beira da cama, agarrei a almofada de coração e, direcionando a extremidade pontuda para o seu cu, coloquei seu saco nela. E ali ele ficou, apoiado, o pau no alto, como uma oferenda real circundada por brilhantes fios dourados e franjas rosa penduradas. Nós dois olhamos para baixo em silêncio. Depois de uma breve pausa, ele anunciou triunfante: "É a Almofada de Saco!" Nós dois rimos tanto que a iminente chupação de pau foi adiada por algum tempo. E depois daquele dia ele sempre pedia, junto com o Quadrado Rosa, a Almofada de Saco.

Ele nunca, jamais, goza na minha boca. Posso chupar seu pau por quarenta minutos e ele vai se segurar durante todo esse tempo, me deixando dar mais, me deixando amá-lo. Receber como ele o faz é realmente um presente para mim. Eu não sabia que grande arte poderia ser chupar um pau, ou que praticante eu poderia ser, até encontrar um homem capaz de resistir a tanto prazer por tamanhas extensões de tempo. É tão difícil fazer isso com aqueles caras que gozam à mera visão da sua boca na ponta do seu pau. Isso me deixa incapaz, impotente.

Depois que chupo seu pau da maneira mais fabulosa que jamais chupei, mais profunda, mais vagarosa, mais rápida, com um monte de chupação de saco, depois que seus olhos se reviram muitas vezes e ele parece seriamente desorientado, ele pega minha cabeça firmemente em suas mãos, se concentra novamente, me olha direto nos olhos e diz: "Boa garota."

Pensar que passei por tudo isso, que cheguei tão longe apenas para descobrir que tudo o que sempre quis foi ser uma boa garota, a boa garota do papai. Finalmente.

A INFELIZ E TEDIOSA DESGRAÇA DE TANTAS MULHERES

Sou vítima da infeliz e tediosa desgraça de tantas mulheres – papai não me amou o suficiente lá atrás. E minha vida com os homens tornou-se um longo caminho de tentativas muitas vezes subconscientes e às vezes desesperadas de preencher essa lacuna, de sentir esse amor, de curar essa ferida, de despachar essa perda. Papai agora me ama, me aceita, me respeita – e eu o amo. Mas isso é irrelevante. Esse buraco foi cavado cedo e agora é parte de mim. Meu pai não pode mais preenchê-lo.

Além·do mais, quem seria eu se ele não fosse meu pai? Não eu. Não eu escrevendo isso. Não, senhor. Então, no fim das contas, fico grata. Depois de tudo, eu não iria querer ser meu eu não-ferido; ela poderia não gostar de dar o cu, e aí onde estaria? Certamente não em minha posição privilegiada, escorada no Quadrado Rosa, bunda para cima várias tardes por semana. Provavelmente estaria enchendo quatro máquinas para lavar a roupa do marido e três filhos mais ou menos naquela mesma hora e imaginando como preencher aquele vazio no peito.

Eu só conheci uma única mulher que disse que não apenas sempre adorou seu pai, mas que ele a adorava também, sempre adorou, e ela orgulhosamente declarava que ele era o homem mais adorável de sua vida. Todos os homens queriam essa mulher. Ela não tinha mágoa, não tinha raiva e não tinha nada mal-resolvido. Finalmente, ela se casou com um empresário escandalosamente rico. Mas o restante de nós somos magoadas, temos raiva, e muitas coisas mal-resolvidas. Bombas-relógios. Desarmar a bomba é um desafio para o homem feminista, e a arrogância o faz pensar que pode conseguir. Mas não pode. É meu machucado, minha dor, e quem é você para tirá-los de mim? Não preciso ser resgatada, não preciso de piedade, não preciso de opiniões, preciso foder – e talvez precise de algumas palmadas por me deixar levar pela minha raiva.

Sempre adotei o desafio de David Copperfield, de ser a heroína da minha própria vida. Sempre pensei que isso envolveria grandes feitos públicos ou sacrifícios de arrancar o coração, mas não, não é assim. Quando chupo seu pau e ele come meu cu, sou essa heroína. É a certeza profunda de que finalmente, finalmente, eu realmente amei um homem sem nenhum compromisso a não ser amar. Depois de meu pai, isso é sem dúvida um milagre.

Ele abriu minha ferida.

Minha bunda começou sua vida sendo o fino e pálido recipiente da mão raivosa de papai. Era o lugar da vergonha, o local da humilhação, a área para esconder d'A Mão. Ela recebia a prova de minha ruindade vergonhosa, de minha incorreção aparentemente inevitável. Eu era Má e era Punida. E agora essa mesma bunda – mais velha, porém mais sábia – é a arena cobiçada do prazer de um amante em que eu sou malvada e sou recompensada. E assim minha bunda continua sendo o ponto de contato mais forte com os homens mais importantes da minha vida. Ela contém as minhas mais profundas e antigas fibras nervosas emocionais.

Será que há uma conexão direta entre levar palmadas no bumbum, como levei quando era criança, e minha inclinação para ser analmente penetrada? Possivelmente. Se todo pai que batesse em sua filhinha achasse que pudesse estar criando uma pequena e faminta sodomita, bem, isso pode ser um fator de dissuasão.

Ser sodomizada agora, por escolha, reconcilia esse machucado com o cenário do macho dominante e da garotinha obediente. Em vez de rejeição e crítica, me dizem: "Boa garota, boa garota." Quanto mais eu sou indecente, e quanto melhor chupo seu pau, melhor eu sou, até que seja a melhor garotinha do mundo. Finalmente sou amada. O alívio que isso me traz é profundo.

Eu, com minha total submissão, na verdade detenho um grande poder curador: quanto mais me submeto, mais excitado ele fica, até que eu entre na fase mais profunda de submissão e ele goze. Ele só goza quando eu já desisti. É preciso muita entrega, disciplina e amor para deixar um homem comer seu cu com a rudeza suficiente, durante o tempo suficiente, de maneira profunda o suficiente e rápido o suficiente para gozar. Seu orgasmo é minha vitória sobre meu ser inferior, sobre a dor da minha raiva. Isso preenche o buraco; estou finalmente inteira.

Nº 162

Uauuuuu! Meu pai acaba de sair depois de uma adorável e amigável visita de uma semana, e três horas depois eu estava literalmente dobrada com uma dor de arrancar as tripas durante sólidas 24 horas. Como se eu tivesse sido golpeada no estômago, como se tivesse rebobinado em uma hora 161 vigorosas sessões de trepadas de cu. Então a única coisa lógica a fazer era partir para a nº162. Meu Deus, como doeu. Novos níveis de tolerância, novos níveis de soltura, novos níveis de disciplina. Quando ele entrou eu pensei, não dói tanto, já estou cicatrizada por estar nua com a bunda à mostra. Eu estava errada. Na hora em que ele colocou 13 centímetros e depois mais, chegou ao fundo dos meus intestinos e me revirou pelo lado de dentro. Machucou feito o diabo, mas eu não disse uma palavra. Eu apenas mantive o nível de dor só um pouquinho além do suportável e adorei o desafio o tempo todo pensando, Garota, você realmente é a pequena masoquista do papai.

DEVOÇÃO

O Homem-A não pede minha devoção, ele diz, mas a tem de qualquer maneira. Algumas vezes dei muito poder a ele, dei ainda mais do que tinha, e isso me deixou vulnerável, no limite de minha própria capacidade de resistência. O melhor antídoto para isso é tentar não resistir para não prolongar a dor e acabar sofrendo como alguma mulher profundamente ética – pelo menos tenho maturidade para isso. Não, o antídoto é outro cara. A chamada "solução dois caras". Todas as mulheres deveriam se inscrever quando fosse necessário. Muitas já o fazem, sem admitir. Como uma amiga minha diz, "se você está tendo problemas com um homem, simplesmente chame outro homem". Para mim, o Homem-A com um Farejador ocasional formam a combinação ideal. Alguém precisa dar para mim como eu dou para ele – dar poder, quero dizer.

Enquanto meu maior desejo é me entregar a ele, com qualquer outra pessoa sou dominadora. Nunca trepo com mais ninguém, e mais ninguém enfia o pau no meu cu.

Certa ocasião, pouco depois da n°169, senti necessidade e liguei para um velho amigo Farejador. Ele anunciou, para minha surpresa, que realmente queria me comer – o que estava fora de questão. Mas deixou claro que por um certo preço chuparia minha boceta: é impressionante como os Farejadores ficam exigentes quando os deixamos sozinhos muito tempo. O dinheiro faria com que ele não se apegasse – ele seria uma língua de aluguel. Adorei a idéia de transformar um homem numa puta – embora aquilo realmente parecesse um pouco politicamente correto demais. Mas antes mesmo de negociar um preço, ele propôs me dar uma amostra grátis sob a condição de que eu fosse totalmente dominadora, ditando cada virada, cada movimento, satisfazendo todos os meus desejos. Tudo bem, tudo bem, eu disse – mas só desta vez. Eu posso, quando necessário, ser complacente com um Farejador; poderia ser dominatrix por uma noite. Teria, entretanto, sido mais fácil pagar a ele. Agora nós dois estávamos no mesmo nível, "dominantes dominados" – e eu não tinha mais certeza de quem realmente estava no comando.

Ele chegou e eu estava pronta, reclinada na cama de meu *boudoir* vestindo *lingerie* preta. Primeiro pedi admiração, enquanto ele ficava sentado numa cadeira. Por que eu ·era a gata mais gostosa da festa? Ele explicou. Da vida dele? Ele explicou mais ainda. Achei esse jogo bem divertido. Do mundo inteiro? Ele explicou, mas dessa vez não fiquei convencida. Próximo jogo. Examinamos minha bunda no espelho por todos os ângulos, e ele apontou cada curva e cada linha para explicar por que era a melhor bunda – a melhor do *boudoir*, de qualquer maneira. Depois olhamos os lábios depilados da minha boceta, espiados por entre as minhas coxas e abaixo do cu, quando eu me arqueava. Isso foi realmente divertido – tudo aquilo ali exposto, sem nenhuma vergonha.

Até então ele não tivera permissão para me tocar. Deitada na minha cama, pedi uma massagem nas costas, depois uma massagem nos seios e na barriga, depois uma massagem no bumbum, depois uma massagem nas coxas e quadris. Então eu disse a ele para voltar para a cadeira, sentar, botar o pau para fora e se acariciar enquanto eu mostrava minha boceta para ele como se fosse uma *stripper* de pista, os lábios escancarados, o clitóris vermelho e inchado, as pernas longas e esguias, os sapatos de matadora. Ele ficou com o pau duríssimo. Depois pedi que lambesse minha boceta por um tempo, dando longas pinceladas do cu até a boceta e o clitóris e voltando de novo, fazendo o pacote molhado completo. Aquilo foi muito bom. Realmente muito bom. Depois pedi a ele para se concentrar em circundar meu cu com uma pressão vagarosamente crescente até que sua língua começou a forçar caminho para dentro: "Faz de conta que você quer." "Faz de conta?" Ele realmente queria. Depois ele me enfiou 10 ou 12 centímetros de um vibrador vermelho no cu. Eu não tinha pedido aquilo, não diretamente, mas era bom, então não me opus.

Depois seguiram-se algumas lambidas de clitóris sem rodeios, durante tanto tempo quanto eu tentei me segurar. Durante esse tempo entreguei-me a todas as minhas fantasias, voando ao acaso através de meu arquivo pessoal. O Homem-A observando esse outro cara me lambendo, se divertindo com minha indulgência ultrajante, aprovando e dizendo a ele: "Continue fazendo isso até que ela fique satisfeita, depois eu vou comer o cu dela." Depois a fantasia de que o Homem-A estava lambendo meu clitóris freneticamente – mas aquilo era meio excitante demais, então tive que parar. Depois imaginei todos os homens com quem tinha estado, e que tinha dispensado, enfileirados do lado de fora da janela de meu quarto, observando. Derramei meu prazer e meu suco como uma puta. Continuei com as fantasias até a última, a que finalizava tudo: a realidade.

Esse homem, por razões que não entendo realmente – poderia ser amor? –, está querendo ser escravo de meu orgasmo, lambendo até que eu tenha gozado o suficiente (e suficiente para mim, claro, é muito). Essa experiência devastadora de abundância empurrou-me, inesperadamente, para um estado de gratidão que se manifestou num orgasmo de corpo inteiro, arqueado, profundo e silencioso, do qual levei 20 minutos para voltar. O Farejador, querido, amado farejador, deixou-me silenciosamente, para que eu pudesse me deleitar com a enormidade da bem-aventurança de minha vida, e a paz do retribuído: sua submissão a mim contrabalançando a minha ao Homem-A. Agora estou pronta para dar o cu de novo. Vou fazer o que for preciso para estar pronta para o Homem-A. Essa é uma medida da minha devoção – e, suponho, da do Farejador também.

ROMPENDO A BARREIRA

O treinamento de bailarina clássica, como o que fiz, certamente é o treinamento físico mais intenso para um corpo jovem – dia após dia, hora após hora de um meticuloso trabalho de esculpir, formatar e forçar o corpo, a barriga e os membros em formas, ângulos e linhas que vão muito além do estado físico natural de uma pessoa. Sempre buscando mais, esticar mais, mais viradas, mais giros, mais extensão, mais força, mais-mais-mais. Isso leva o corpo e a alma para um lugar que está além da experiência normal. Aprendi aos 4 anos a experimentar minha vida através de meu corpo, dentro de meu corpo, sempre no limite da persistência perpétua.

Tudo isso, acredito, me preparou para dar o cu. Dar o cu responde ao chamado de meu masoquismo físico. Recria o extremismo físico da dança, a disciplina, o empenho em busca da perfeição. É o meu ser ao extremo. Agora que parei de dançar, tudo na vida parece bobo – menos isso. O Homem-A chama isso de "A Dura Fronteira da Verdade".

Dançar é estar a serviço do coreógrafo, dos passos, da música. Permitir que esse homem entre no meu cu reproduz essa dinâmica de serviço, de me render a algo maior do que eu mesma. Aprender a ir além – muito além – do nível de conforto físico e amar esse momento de ultrapassagem é intrínseco ao treinamento de uma bailarina. Apenas passando desse ponto é que se encontra aquele Limite no qual o Risco é real e o Êxtase reside.

Se você tem uma bunda durinha de bailarina, como a minha, a dor e o prazer da pressão interna da sodomia são inseparáveis. Escolas de balé aperfeiçoam o desejo de ser perfeita, e você pode acabar virando uma pequena escrava, deliciosa e disciplinada. Acredito que receber um pau no cu fica lado a lado com a psicologia do perfeccionismo que aflige pessoas altamente exigentes como eu. Para começar, precisamos disso: ser perfeito resulta numa bunda muito dura. Em segundo lugar, o desafio de permanecer perfeita enquanto está sendo analmente penetrada é um dos maiores desafios que se pode ter. Ser bem-sucedida prova certamente a perfeição interna e externa do ser, a forma, a saúde e a elasticidade. Praticar sodomia é o sonho do perfeccionista, o nirvana do masoquista.

Mas – como a maior parte das coisas anais – o oposto também é verdade. Dar o cu quando se está usando um tutu metafórico talvez seja a estréia mais adequada – e escandalosa – para uma bailarina. Mas também é sua crucifixão, seu último sacrifício para transcender o humano e encontrar o divino. Entretanto, no palco, nunca me senti tão segura quanto me sinto quando obedeço completamente ao Homem-A e ele cobre meu rosto com sua mão grande e forte e sacode minha bunda em cima de seu pau. Uma incrível sensação de alívio – deixei completamente de lado não apenas o controle, mas toda a responsabilidade, e a dei a ele. A sensação de segurança é tão forte com ele porque qualquer hora passada com ele é a única hora em que minha ansiedade vai embora, em que não sinto medo.

Nº 175

Bem, eu acabo de pagar um boquete verdadeiramente insano a ele — pau, saco, cu —, o roteiro completo, mais e mais, terminando a cada momento com uma completa imersão de pau inteiro na garganta. Cada boquete para mim é um ato de insanidade porque sinto que cada um poderia ser o último, então todos contêm tudo o que tenho. Trepar no limite. Chupar no limite. Em todas as direções.

VELHOS ORGASMOS

Sexo anal é sexo? Fico pensando sobre isso. Minha conexão com ele é antes de mais nada penetrativa e, especificamente, anal. Isso é sexo? Ou meramente um ato de submissão espiritual, de submissão divina?

Meu orgasmo com ele é um ato de doação e abertura. Com outros é contenção, uma batalha de controle. No passado, alcancei o orgasmo por meio da paradoxal experiência de manter o controle de meu prazer durante todo o tempo que meu orgasmo, que tem vida própria, desejar para sua realização. A batalha – e é uma batalha – sempre termina com um orgasmo mais potente pelo que ele faz e liberta do que por qualquer prazer emocional. Há alguns homens por aí que não querem mais nada além de dar prazer. Para eles, eu gozo com um triunfo de raiva: quanto maior meu desprezo por sua vontade-de-dar-prazer, maior minha resistência; quanto maior minha resistência, maior meu orgasmo. Esse é o prazer, literalmente – e clitorianamente –, da guerra entre os sexos. Mais tarde, muito sensibilizada, evito qualquer toque e, como Garbo, quero ficar sozinha. Para fazer anotações, jantar e ler a *The New Yorker*. Isso é jeito de gozar? Bem, é um deles.

Com ele, aprendi outro. O caminho da não-resistência. De infinitas contrações e muitas chegadas. E não foi um esforço desistir do esforço. Apenas aconteceu com ele, como se meu corpo soubesse – eu certamente não sabia – que ele era o único, o único homem em quem eu podia acreditar, o homem para quem eu podia dar sem que o presente fosse mal interpretado, sem que ele tirasse vantagem dele, fazendo-o significar o que não significava. Talvez fosse a sua beleza. De DNA para DNA. Ele realmente tem, objetivamente falando, o físico mais bonito de todos. Talvez meu clitóris soubesse que ele era meu parceiro sexual muito antes de mim. Assim como também sabia que a resistência era necessária com todos aqueles homens cujo DNA não combinava com o meu. Com os outros eu gozo por hostilidade, com ele por amor.

Nº 181

Ontem à noite – 181.

Eu digo a ele, depois: "Cento e oitenta e uma." E lembro que essas são apenas as trepadas de cu, e que não contei os aquecimentos de boceta.

"O que isso quer dizer para você?", pergunto.

"Isso quer dizer para mim 362", ele diz, "é isso que quer dizer. Três meia dois me diz que este foi um ano bom".

RECORDAÇÕES

Quando nos aproximamos das duzentas, descobri que meu desejo pela repetição contínua, pelas garantias impossíveis estava se intensificando. Administrar minha ânsia constante de estar naquele lugar com ele tornou-se uma ocupação de tempo integral. Houve o dia desastroso em que a moça da limpeza pegou a camisa usada dele da minha cama junto com os lençóis e cheguei em casa e vi, para meu horror, que ela tinha lavado, secado e arrumado organizadamente minha cheirosa tábua de salvação. Eu dormia todas as noites com a camisa que tinha o cheiro dele. Agora ela cheirava a sabão em pó.

Todas essas palavras intermináveis lançadas na direção desse ato, dessa Santa Foda, tudo na tentativa de acreditar nela, de acreditar em algo tão profundo e poderoso para poder me segurar, para não me deixar expirar dentro do buraco negro de meu terror particular. Meus demônios são como uma infecção na alma, e eles desejam devorar e destruir a verdade – e até a beleza – da minha própria experiência. Eles são os Demônios. Meus Demônios. Mas danem-se os Demônios.

Tudo se trata de evidências. Da minha busca por evidências. Evidências da ligação, porque a ligação prevê a repetição. Uma vez que se foi levado à terra da alegria original, revisitar aquela terra torna-se seu único desejo. Palavras, um telefonema, um suspiro, a terceira ereção da tarde, tudo são evidências. Uma camisinha usada; duas camisinhas, uma cheia de esperma e outra vazia, porque ele tirou e gozou nas minhas costas e na penugem suave da minha nuca. Sua camisa usada, seu cheiro – minha *madeleine*. Ou pode ser a contagem das trepadas. É por isso que conto, para saber que realmente aconteceu, para saber que pode acontecer novamente. Como um detetive, acumulo evidências de amor, amor que foi, amor que é, e então tento convencer meu júri interno de que o amor será. Com muita freqüência, entretanto, não acredito na evidência. Até a próxima vez. Outro número, outro alívio. Outra dose, outra viagem.

Sou uma viciada anal, mas apenas com ele. Quero isso consistentemente, freqüentemente, repetitivamente, ritualmente e, se não consigo, fico triste, chorosa, solitária, pesarosa, infeliz, nervosa, incrédula e deprimida. Quero injetá-lo em mim. Apenas a sua penetração em meu cu escava meu medo e restaura minha fé, a fé que ele criou.

Quando uma experiência de amor chega, ela rebaixa todas as outras a meros impostores; ela traz, dentro da alegria, um medo que assombra. Como pode essa delícia ter sido derramada sobre mim, uma mulher mortal com pecados normais, feridas não fechadas, raiva desesperada e desejo feroz?

"Por que eu?", diz minha voz em descrédito.

"Por que não eu?", diz uma pequena e fraca voz que não é minha, ecoando de dentro das minhas entranhas.

Então encontrei a melhor evidência de todas – aquela que realmente funciona, que alivia os sintomas de retrocesso e me conforta. Ele fazia um jogo, o arremesso-de-camisinha-pós-coito-na-cesta-de-lixo-perto-da-cama. Sem surpresa, sua mira era maravilhosamente precisa. Depois que ele saía, eu remanejava a camisinha para que ela ficasse pendurada no topo da cesta, o saco de porra pesando para baixo, a borda segura pelo ainda pegajoso K-Y. E eu deixava esse troféu ali, onde eu pudesse vê-lo facilmente, até a vez seguinte em que ele ligava e dizia: "Chegou a hora." Hora de raspar minha boceta, hora de desligar o telefone, hora de abrir caminho para um novo DNA, hora de o tempo morrer. Com esse ritual eu conseguia estar o tempo todo com sua constituição molecular perto de mim.

Sempre que eu olhava para aquela camisinha, e olhava muito, sentia a presença dele e sua beleza. Sempre fui uma sugadora de simbolismos; aquela borracha pendurada me provinha com a evidência opaca do que era, e do que seria novamente. Me agarro ao DNA dele até conseguir o depósito seguinte – como se meu subconsciente se refugiasse no conhecimento teórico de que havia uma possibilidade de recriar sua essência todas as vezes. Aquelas camisinhas me confortavam, me lembrando da quarta dimensão, dimensão além da conta, da ansiedade, do ódio por mim mesma e do desejo, dimensão onde reina a bem-aventurança e eu sou sua escrava balbuciante.

Nº 200

Antes eu sempre duvido.
Depois, nunca.
Duzentas entradas em meus intestinos, duzentas vezes eu duvidei e depois acreditei.
Onde isso leva? A 201.

PRELIMINARES

Toc... toc... toc. Quando abro a porta da frente, ele sempre entra devagar. Ele não tem pressa; o Homem-A sabe aonde está indo. E onde está chegando também. Ele entra, eu fecho a porta e estamos trancados lá dentro juntos. Sinto o calor já crescendo. Depois o abraço, o aperto. Um aperto de corpo inteiro, que dá início ao orgasmo, dele e meu. Forte, envolvente, possessivo. Começo a gemer e sinto seu pau me apertando. Ele agarra meus quadris e os aperta em seu pau. É difícil sair do abraço, mas devemos ir para o quarto; é imperativo. Se fazemos ali, os enfeites acabam sempre sendo esmagados. O quarto é nossa cela acolchoada, onde a insanidade pode ser libertada sem danos materiais excessivos.

Às vezes ele apenas me vira, a cara para a frente, pressionando o pau na minha bunda e, mantendo o contato, me leva ao quarto enquanto sincronizamos nosso andar para não estragar a posição. Mas antes do primeiro passo descubro minha voz e pergunto se ele quer comer alguma coisa, se está com fome. Ele sempre recusa, mas eu sempre pergunto. Nós somos muito educados um com o outro.

Assim que chegamos ao quarto, o abraço se forma novamente. Esses primeiros abraços estabelecem a Terra do Amor, mas agora é tempo de deixar esse lugar invisível e viajar para a Terra do Desejo, onde as coisas são visíveis, tangíveis e tão irreais. Agora ele está totalmente duro, suas calças não estão mais cabendo direito. Ele se afasta de mim e vagarosa, cuidadosa e deliberadamente tira todas as roupas, mantendo seus olhos em mim o tempo todo. Eu simplesmente observo e espero. Ele me fará saber o que quer. Ele sempre faz.

Às vezes ele fala suavemente, dizendo: "Vá para a cama – de joelhos – agora levante seu vestido." Depois ele me chupa, a partir de trás. Outras vezes ele simplesmente pega meu corpo e me posiciona onde quer – agachada sobre um travesseiro na frente dele enquanto me dá seu pau na boca, ou com as costas retas na cama enquanto aperta meus mamilos através do vestido ou... Mas o que quer que aconteça agora, é tudo em câmera lenta. Depois de muita chupação de pau, e quero dizer muita mesmo, ele me vira e pega uma camisinha, então eu sei que estamos prestes a entrar no próximo estágio.

Sexo vaginal é preliminar. Às vezes ele salta a boceta e vai direto para o cu, o que é realmente sacana, apenas o cu – a fase final. Mas normalmente ele come a boceta primeiro. Quando ele me penetra, sinto-o empurrar o colo do meu útero, para dentro do colo do meu útero, e isso sempre me surpreende. Entro na Zona de Liberação. Às vezes ele chega tão fundo lá dentro e depois começa a pulsar, com empurrões pequenos e experientes, empurrando minhas paredes para fora, para cima, ainda mais dentro de meu ser. Cada empurrão quer mais e ganha mais. Esse é o início da magnitude, um estado em que o corpo, desejando, suplica sem cessar. As ondas de prazer rolam vagarosamente, depois mais rapidamente, mas nunca param. Auge após auge, muitos podem supor que esses já são os melhores de todos, até transcendentes. Mas ele e eu somos insaciáveis e sabemos onde buscar mais. Há um momento assombroso no qual o amor está saturando o quarto e a perda ainda não está presente. Estamos apenas começando. Apenas aquecendo.

Depois que ele teve boceta suficiente (sempre é escolha dele), ele tira e me posiciona – às vezes no Quadrado Rosa, às vezes de quatro, às vezes de lado, com os quadris curvados para cima, como um Henry Moore. Ele me põe sempre do jeito que quer. Já bem comida, estou agora em meu estado mais obediente. Meu desejo está agora cerca de 40 por cento saciado, mas ainda me mantenho ligada à minha consciência e a meus saltos altos. Tenho muito mais a dar. Muito mais. Tenho o poder de dar, de dar poder. Outros amantes nunca conseguem nem 10 por cento do que tenho a dar. Eles não têm o poder de pedir. Ele tem... e então ele pede mais ainda.

ENTRADA DOS FUNDOS

Ele me coloca em cima de meu lado esquerdo, dois travesseiros macios sob meu quadril, levantando minha bunda numa bonita posição para cima e para o lado. Deito o lado esquerdo de meu bumbum na cama, viro minha cabeça e levanto os olhos para ele – ele está sempre em cima, nunca embaixo. Ele pega um dos tubos de K-Y espalhados pela cama. Adoro o som da tampa se abrindo num clique. Olhando para mim, ele espreme uma boa quantidade em dois de seus dedos. Olhando para minha bunda, afasta minhas nádegas tão deliberadamente que mal consigo acreditar em minha sorte. Ele espalha o gel gentil e firmemente sobre meu cu, dentro do meu cu, fazendo um anel na entrada, suavizando a passagem. Ele tem a expressão mais maravilhosa no rosto enquanto faz isso, alternadamente olhando nos meus olhos e no meu cu. Ele desliza um dedo para dentro, depois dois, olhando meu rosto, mantendo o olhar enquanto sinto seus dedos se virando dentro de mim, nos conectando interna e externamente, o círculo completo. Deslizando os dedos para fora, ele espalha mais K-Y neles e esfrega-os suavemente em todo o seu pau, duro como pedra.

É Hora.

Segurando o pau, ele o guia na direção da fenda em minha bunda, como uma canoa mirando a entrada de um riacho estreito. Sinto a ponta macia, ao mesmo tempo dura e aveludada, em minha pele. O centro do meu cu, como um ímã, gravita em torno da pressão. Nos encontramos. Sua chave na minha porta, seu positivo no meu negativo, seu plugue na minha tomada.

E a luz continua.

Centro com centro, ele cutuca, eu respiro, ele empurra, eu solto, ele pulsa, eu abro, ele empurra e empurra, eu abro, ele mergulha, nossos olhos juntos, e ele me leva para casa.

Às vezes ele tira e fica metendo um pouco na entrada por um tempo, outras vezes desliza para dentro e para baixo, vagarosamente, vagarosamente até que esteja enterrado em meu cu sem mais nenhum pau sobrando, apenas as bolas de fora. Ele fica ali por um instante, sem se mover. Depois empurra mais fundo. Às vezes ele me move para uma posição diferente – sobre as mãos e os joelhos; ou de pé, me curvando para a frente, as mãos coladas na parede; ou de costas, com os pés para o teto; ou, uma favorita, as pernas acima da cabeça e o cu virado para o teto. Em qualquer posição que eu esteja, ele fica sobre mim, sempre me olhando embaixo, me observando, me amando. E ele normalmente faz essas mudanças sem tirar a pica do meu cu. Totalmente fantástico. Mas qualquer que seja o ângulo, posso sentir seu pau crescendo dentro de mim, mais forte, mais duro, mais fundo, pressionando minhas ansiedades, minha insignificância, meu orgulho, minha vaidade. Como um aspirador de pó, ele suga meus eus inferiores, remove meus pecados. Um por um, eles são sugados para fora, e embaixo disso ele encontra minha bondade, minha inocência, meus 4 anos de idade, antes de ter sido machucada pela Mão e ficado com raiva. Era isso o que ele estava procurando. E é isso o que ele encontra. É isso o que ele me dá.

Arrancados para fora dos meus pés, meus sapatos caem no chão com um ruído surdo, um depois do outro. Ele sorri e diz, carinhosamente: "Agora está divertido." Agora estou viajando no trem mais rápido para o paraíso. Sem instrução no processo, as lágrimas muitas vezes caem de meus olhos. Como um verdadeiro cavalheiro, ele protege meus olhos com sua mão grande, me dando privacidade, enquanto me fode com força cada vez maior, mais rápido, espremendo as lágrimas para fora.

Quando eu finalmente solto tudo, nem um centímetro de meu ser me prendendo a qualquer coisa, quando meu ego está aniquilado, então começam os risos. Podem começar quando ainda estou chorando, as energias são as mesmas, embora as lágrimas sejam mais familiares. Mas em algum lugar, de alguma forma, no caminho, meu inconsciente explode aberto e eu rio, rio e rio. Quanto mais eu rio mais ele come meu cu até que a coisa toda não faça mais sentido. Agora estamos realmente nos divertindo. Ele me olha rindo e então, contente por eu estar na estrada com ele, me come um pouco mais, sempre vigilante, sempre presente. Meu riso às vezes se aprofunda e eu rio como nunca antes. Reconheci imediatamente da primeira vez que aconteceu – a gargalhada final. É o som de uma mulher surpreendida dentro do mistério do universo, na ironia da angústia, no lugar que o ego abomina. Bem-aventurança.

A princípio o prazer era insuportável e eu tentava sair, tentava saber o que estava acontecendo. Mas ele não me deixava, me comendo tão cruelmente que qualquer tentativa de voltar atrás, para o controle, era inútil. É aí que sua dominação é completa. Sou sua escrava e ele força a harmonia na minha direção, contra meu medo feroz. Com a repetição, acabei aceitando e agora não apenas visito o lugar, mas aprendi a ficar lá. Enquanto isso ele está olhando para mim, cheia de lágrimas, risos e engasgos, e diz: "Você é DOIDA, mulher." Ele parece um pouco confuso também, mas, ao contrário de mim, mantém controle total, consciência total.

Olho para trás, para ele ajoelhado em cima de mim, profundamente dentro de mim, e vejo a coisa mais bonita que já vi. Como o *David* de Michelangelo, seu peito é largo, sua pele é macia, suas mãos são grandes, seu rosto beatífico. Vejo a beleza desse homem, a beleza do homem.

Nunca vi isso antes.

N⁰ 220

Eu me apaixonei louca, rápida e completamente, para sempre, a primeira vez que ele comeu meu cu. Agora estamos na n⁰ 220 e meu amor apenas ficou mais profundo – 220 vezes mais profundo. Eu o adoro, pelo bem e pelo melhor (nunca pelo mal), e é um tipo de indulgência encantadora adorar tão incondicionalmente a superfície inteira da pele do corpo de outro ser humano. Antes eu gostava do homem em partes – seus lábios ou olhos, suas mãos ou peito, apenas ocasionalmente o próprio pau. Com ele eu amo tudo isso e cada canto, fenda e espaço – e seu pau, seu saco e seu cu acima de tudo.

Na devoção reside a liberdade. A liberdade de não segurar nada, que empurra a pessoa para dentro do reino elíptico do amor.

ORGASMO ANAL

Quando aprendi a permanecer na bem-aventurança, descobri algo mais. Eu tinha me tornado um veículo puro para seu pau, sem resistência. Posso abrir mão de todo poder. Sinto uma enorme atração gravitacional por esse homem que pode, e vai, me retirar todo o poder, tão desejosa estou de entregar tudo, de presenteá-lo. Nunca soube quanto poder eu tinha até que dei tudo a ele através do meu cu. Meu cu é um tubo de poder.

Comecei a perceber que sou sua pista de decolagem, sua plataforma de lançamento. E depois de numerosas corridas à fronteira da inevitabilidade, o gozo final começa. Eu posso dizer que é o gozo final porque coincide, sempre, com minha habilidade de executar a completa submissão, de me manter completamente aberta, sem reservas, sem limites. Quando sente isso, ele quer o ouro. Se eu mostrar qualquer sinal em meu rosto, ou dentro do meu cu, de repúdio à submissão, ele diminui a velocidade e trabalha até que meu cu acredite que há apenas uma escolha, apenas um caminho. Não ter escolha além da submissão é a submissão. Sou inteiramente dele, de corpo, alma e cu. Renuncio à minha liberdade.

Moldada a seu pau, sinto a urgência dele. A estrada para o orgasmo é uma linha reta para dentro do meu cu, para o centro do meu ser, para o centro do mundo. Não sei quem começa a gozar. Sei, entretanto, que ele é o único homem cujo orgasmo me interessa mais do que o meu – façanha que não é pequena. Em certo ponto, sinto como se seu pau desse início às minhas contrações e minhas contrações, depois, dessem início às dele... Mas aí as dele dão início às minhas... Contrações no cu, contrações involuntárias: orgasmo anal.

Cavalgo o orgasmo dele como um jóquei num garanhão selvagem, sem perder contato mas sem nenhum controle. Ele explode. Meu cu nos suga juntos para um vácuo sem ar e somos uma coisa só. Fundidos num espaço sem tempo, sei que meu destino é aquele momento, e não qualquer outro.

Nós ficamos muito felizes depois. Normalmente não falamos, apenas ficamos nos encarando. Antes eu gostava de discutir o acontecido assim que recuperava a voz. O que é isso? De que se trata realmente? Por que acontece? O que, de fato, está acontecendo? Falava sem parar. Agora não conversamos mais, porque sei que nunca vou entender realmente. Agora estou apenas grata. Agora só quero dar o cu durante três horas; quando dou a ele todo o meu poder, ele o pega e me leva para visitar Deus. Isso é tudo de que preciso. Mais e mais e mais. Quero morrer com ele no meu cu.

Nº 246

Na noite passada cheguei em casa depois de uma viagem de três semanas. Ele está aqui e estamos em silêncio. Ele me fode na boca e também na boceta, grande e duro. Depois, no meu cu novamente virgem, vagaroso, profundo, um mergulho da espada. Quando está tudo dentro, com meu cu sugando em torno de seu cilindro, ele finalmente fala: "Bem-vinda ao lar."

"Bem-vindo ao lar", eu ecoo, sugando-o para dentro.

Mais tarde, cansada, sem fuso horário, subjugada, começo a chorar – embora nada esteja particularmente errado. Ele me vê chorar e me diz como minha vida é maravilhosa, depois coloca minha mão pequenina apertada em sua virilha, dizendo: "E eu tenho este grande pau aqui para você – você pode segurá-lo se quiser." Eu paro com minha autocomiseração e agarro seus shorts, descobrindo seu pau nas dobras, a marcha que dirige minha vida. Levanto os olhos para seu rosto nas sombras e vejo que estão brilhando. Depois uma lágrima corre vagarosamente por seu rosto... e outra. Espantada, pergunto por que ele está chorando. "Não sei", ele murmura. Quase 250 trepadas de cu nos trouxeram até aqui, à essência da doçura sem palavras.

A CAIXA

Uma bela, grande e redonda caixa chinesa laqueada e pintada à mão. Lisa e dourada. Brilhante. Uma gatinha com longos bigodes brancos na tampa.

A coleção.

A coleção da coleção.

As camisinhas. Usadas. Cheias. Centenas.

Látex selado com K-Y.

Evidência. Minha mortalidade. Sua imortalidade.

DNA. O X e o Y. A Origem. Para sempre.

Minha homenagem.

Meu altar.

Meu tesouro.

A vida dele.

PARAÍSO

Aprendi algumas coisas, agora, sobre o Paraíso.

O Paraíso não é aquela coisa que fica no nebuloso e longínquo futuro, em outro lugar, outro mundo ou outra galáxia. Não é um estado mental ou um lugar na mente. Nem é o excitante prazer sexual de sangue pulsando e desejo gemido. O Paraíso não é alcançado apenas depois de um grande sofrimento. Pode haver um grande sofrimento antes ou depois do Paraíso, mas não é condição para a entrada. Ego ferido e narcisismo desenfreado requerem sofrimento. O paraíso simplesmente está ali, aqui, se você realmente o quiser.

Estou sentada no limiar. Talvez este seja o paradoxo final das maquinações paradoxais de Deus: meu cu é minha própria porta dos fundos para o paraíso. Os Portões de Pérolas estão mais perto do que você acha. Sagrado e profano unidos num único buraco.

O paraíso é grátis. Um dom. Um estado de graça. Uma dança de tempo e espaço. Ele reside dentro do ego e fora do ego, num lugar de pura harmonia, com outro corpo cavalgando sua bunda como se fosse a última trepada da Terra.

O paraíso é uma experiência que em tempo real pode durar apenas segundos. Mas nesses fragmentos imensuráveis o tempo pára, e apenas quando o tempo pára a morte morre e se entra no Paraíso. Ele é revelado nos espaços de tempo em que o ser é penetrado tão profundamente que fica totalmente aberto, e o amor corre para dentro como o oceano através de uma escotilha.

E o Paraíso, uma vez conhecido, torna-se o objetivo de cada instante, sua perda inerente em cada instante. Esse é o peso do Paraíso encontrado.

Nº 262

Ele voltou! Tinha ido embora mas agora voltou. Um telefonema e ele está aqui. Declarações. Lágrimas. Regozijo. Claridade. Na frente do fogo resplandecente, beijos insanos, chupadas e trepadas. Insanas. Completamente insanas.

Estou pura. Totalmente cega. Sou sua mãe, irmã, filha e amiga. Ele é meu pai, irmão, filho e amigo.

Depois, observamos as chamas e ele diz: "Viu o que fizemos?"

"O quê?"

"Nós criamos amor a partir do sexo... e estamos apenas começando."

"É", eu digo. "Talvez da próxima vez eu coma o seu cu."

Ele sorri, faz uma pausa e me diz para ficar na frente dele, me virar... e ele me inclina...

Sem jogo com o Homem-A.

O FIM PELA PORTA DOS FUNDOS

Para onde você vai quando chega ao Paraíso? O que acontece quando Adão e Eva entram no Éden? E comem a maçã? Eu digo a você. A perfeição não pode ser mantida. Com o tempo, rachaduras aparecem nas paredes do Jardim – e a realidade, a insípida realidade, se esgueira para dentro com seu veneno traiçoeiro. A serpente do conhecimento.

Em algum ponto, depois de há muito ultrapassada a marca dos dois anos, minhas tentativas insistentes de acreditar que o Homem-A era real e estava presente de verdade em minha vida tiveram êxito. Finalmente eu me convencera de que havia alguma forma de continuidade imprevisível em nossa relação. Antes, eu tinha apenas um foco: a necessidade de acreditar em nossa existência. Mas quando finalmente aceitei a "realidade", o resto do mundo logo veio atrás. Tentei tapar os buracos, ignorar os sinais, negar o caos – mas o mundo provou ser ainda mais forte que minha paixão pelo Homem-A.

Ele estava sempre viajando a trabalho; às vezes durante semanas, às vezes durante meses. Eu tinha uma dificuldade crescente para suportar suas ausências. Uma vez, contratei uma mulher bonita de minivestido de lantejoulas rosa para vir a minha casa e rezar por mim, enquanto eu chorava, por US$ 150. Estava mal mesmo.

Aí ele ligou. A prece foi atendida. Está tudo bem, ele disse, exceto uma coisa. Seu pau não conseguia alcançar meu cu através de quatro estados. As coisas ficam engraçadas e boas novamente, durante algumas horas. E não digo a ele como as coisas estão difíceis para mim. Nunca disse. Jamais. Por que o faria? A realidade estava se infiltrando de qualquer maneira, mas por que abrir totalmente a porta?

Uma outra vez consultei uma amiga, com medo de que depois de uma ausência de três meses ele não voltasse para mim como antes. Minha amiga riu: "Duzentas e sessenta e tantas trepadas no cu e você precisa de mais evidências?" A única evidência que conta, expliquei, é a próxima. E estou falando muito sério. Depois entrei num programa de 12 passos para viciados em sexo e amor, fui a algumas reuniões e li o livro de instruções. Daquele ponto de vista – que eu tentei adotar durante uma semana, mais ou menos – ele era minha droga, eu era viciada e a abstinência era o início da recuperação. Aquela informação era horripilante – minha situação era uma doença! E confortadora – eu poderia seguir os passos para me curar daquela doença, na companhia de pessoas com a mesma doença, e teria todo o apoio de que precisava.

Mas fui assaltada por dúvidas. Quando se trata de amor e quando se trata de vício? Será que eu, mais uma vez, queria me tornar patológica, principalmente depois de minha liberação sexual conseguida a tão duras penas? Eu estava querendo enxergar a grande abertura de meu coração e de meu cu como um problema a ser resolvido, mais do que um presente a ser agradecido? Eu queria ver aquele homem imperfeito, de carne e osso, como nada além de uma projeção de minhas próprias ilusões, obsessões, conflitos e desejos sexuais gritantes? Aquilo parecia uma perspectiva limitada. Além do mais, a primeira coisa que um viciado em sexo deve fazer é parar de fazer sexo. Eu tinha sofrido com o celibato em meu casamento de dez anos; agora eu iria escolhê-lo voluntariamente? O livro tinha um capítulo inteiro sobre exatamente que tipo de inferno esperar da abstenção – encontrei pouco consolo nisso. Seria infernal deixar de amar quem eu amava. Talvez aquela fosse não a dor de um vício ligado a uma doença, mas simplesmente a dor de uma mulher apaixonada confrontada com a perda de seu amado. (Quando contei ao Homem-A, muito mais tarde, depois da n° 270, que eu estava "viciada" nele, ele pareceu se divertir muito e respondeu, sem perder o ritmo: "É melhor que esteja mesmo.")

Havia outras faltas de incentivo para a "recuperação". Os encontros eram em sua maior parte freqüentados por homens com muitas obsessões de masturbação compulsiva e pornografia pela Internet. Imaginei seus monitores de computador manchados com gotas de sêmen seco e suas fantasias sexuais correndo soltas enquanto compartilhavam seus desejos perturbados e ambivalentes de abstinência. Parecia perigoso ser uma mulher atraente na presença deles. Depois, no fim de uma reunião, um antigo viciado segurou minha mão com um pouco de simpatia demais e nunca mais voltei. Meu problema era amor; o dele era depravação.

Depois me voltei para a meditação budista para desconstruir meu sofrimento – para aceitar que ele é uma conseqüência cármica de minhas vidas passada e presente, para tolerá-lo sem culpar ninguém, até para recebê-lo como parte do ciclo natural da vida. Tentei olhar para minha própria contribuição em minha infelicidade. Eu meditaria sobre o sofrimento dos outros, e tentaria preparar o terreno para sofrer menos da próxima vez que ele saísse da cidade. Tentaria me lembrar que a dor da minha perda e do meu apego é um fenômeno ilusório.

Pensei em como a vida pode ser simples se a sexualidade for retirada da equação. Entre a busca, a conquista, a foda em si, as emoções que ficam e o desejo da repetição, minha vida sexual era quase um trabalho em tempo integral; sem ela, eu poderia economizar grande quantidade de tempo e energia. Uma bela quantidade. Para quê? Compaixão por todos no lugar de obsessão por um?

Mas depois de meses e meses de todo esse trabalho "espiritual", eu ainda queria o Homem-A no meu cu – tão freqüentemente e tão previsivelmente quanto possível. Parecia que eu não tinha cura.

Ali estava eu – buscando, buscando, buscando a solução para minha dor, em vão. E aí ela me descobriu.

ELA

Um dia, entrando no vestiário da academia, vi a morena tímida, aquela que em certa ocasião eu presumira que o Homem-A comia. Eu disse meu caloroso olá de sempre, mas em vez de receber seu sorriso também caloroso de sempre, fui saudada com um olhar gelado e um silêncio zangado.

Da vez seguinte que encontrei o Homem-A, contei o que aconteceu. Ele sabia por que ela poderia estar com raiva de mim? Bem, sim, ele sabia. Aparentemente ela o tinha colocado contra a parede havia algum tempo, querendo saber se ele estava trepando com outra pessoa além dela. (Certamente, pensei, convencida, ela já sabia a resposta para essa pergunta em particular.) Ele disse que perguntou se ela tinha certeza de que queria uma resposta, e ela insistiu que sim. Então ele confirmou. Mas ela não parou por ali. Queria saber com quem. Então ele contou sobre mim. Aparentemente isso foi uma surpresa total. Ela sabia que éramos amigos, mas acho que não imaginava a totalidade da coisa. Ou a metade. Ou a metade de trás. Bem, ele me disse, ela não conseguiu parar de chorar. Ele claramente não se sentia bem com isso, mas também sabia que só tinha contado a ela o que ela insistira em ouvir.

Será que ela estava arrependida de ter perguntado?, pensei. Parecia um erro tão óbvio. Ela não estava, aparentemente, com raiva de mim apenas, mas com muita raiva dele também. Eu demorei para perceber que eu também tinha perguntado alguma coisa que seria melhor ter deixado de lado; se eu nunca tivesse perguntado a ele sobre meu encontro com a morena tímida, o Homem-A jamais teria mencionado sua briga. Fomos nós, mulheres, pedindo informações que não queríamos realmente, que precipitamos os acontecimentos que se seguiram. Naquele dia, entretanto, apenas escutei, sentindo-me de alguma maneira distante. Na verdade, gostei daquela leve emoção de drama no meio de nós, enquanto procedíamos com a gloriosa trepada de cu nº 272.

Mas no dia seguinte, e no outro também, percebi que tivera a confirmação não solicitada de que ele *estava* comendo a outra na ocasião, e eu realmente não tinha querido saber. Aquilo tornou-a real para mim de uma forma que nunca tinha sido antes. Estávamos competindo pelo Homem-A? Ela claramente pensava isso, e estava propondo algum tipo de luta, ou pelo menos um protesto. Eu sempre havia presumido que não havia luta, não havia competição, porque eu estava simplesmente numa posição altamente superior a ela ou a qualquer outra pessoa que o Homem-A pudesse estar comendo. Era tecnicamente impossível que ele tivesse algo melhor ou até equivalente com qualquer outra pessoa – simplesmente não havia mais tempo no dia, nem porra no seu saco... Ou havia?

E assim minha mente começou a trabalhar. Qual era a relação entre eles? Como era o sexo deles? Ele ficava com ela do jeito que ficava comigo? Ele comia o cu dela também? O que ele tinha feito para fazer com que ela ficasse tão ligada a ele? E o que mantinha o interesse dele? Seria ela para ele o que um Farejador era para mim – um contrapeso? Agora que seu pequeno harém estava ali, na minha cara, eu não podia fingir que ele não existia. Os ciúmes começaram e eu não consegui evitar. Mas estava determinada a tentar.

Esse, eu disse a mim mesma, era o preço de não ser monogâmica. Talvez fosse hora de rever o preço da monogamia.

Se eu pedisse ao Homem-A para ser monogâmico, eu sempre saberia que tinha tirado sua liberdade, e eu o amava me deleitando com sua liberdade. Eu não queria controlá-lo. Lembrei-me dele dizendo uma vez: "Você sai com uma garota, dorme com ela uma vez e ela estende a você uma braçada de 'não faça isso', e aí você olha para os grandes peitos dela e a boceta maravilhosa, olha para os 'não faça' em seus braços, e os devolve para ela. 'Ei, acho que isso é seu'." Eu tinha admirado aquilo – por isso ele era o Homem-A e não um Homem Qualquer. Ele não ia se comprometer por causa de uma boceta, como tantos homens fazem. E eu não queria que um homem se comprometesse com minha boceta, queria um homem que fosse verdadeiro consigo mesmo... enquanto desejava desesperadamente minha boceta.

Mas isso era apenas especulação, porque eu sabia que o Homem-A não seria monogâmico, nem se eu pedisse. Ele tinha me dito muito tempo atrás que já tinha tentado namorar muitas vezes, e sempre falhava horrivelmente. Melhor nem tentar mais. Eu concordei. Falhar é o maior antiafrodisíaco.

Além do mais, se eu queria que ele ficasse apenas comigo, então eu teria de devolver o favor e ficar apenas com ele. E eu sabia que não poderia fazer aquilo. Eu o amava demais.

Estava muito vulnerável para me dar inteiramente a ele. Sem um compromisso que pudesse ser quebrado, pelo menos qualquer sofrimento que eu estivesse sentindo em relação à moreninha calada não era composto pela dor do fanatismo e a raiva da traição.

Então, eu disse a mim mesma, você sabe o que tem de fazer se não for monogâmica? Deixar de ser ciumenta? Não, o ciúme é inevitável. Tem de fazer por onde. Você tem de merecer. Ele tem de valer a pena. A foda tem de fazer valer a pena. Fazer valer a pena a ocasional e dilacerante insanidade do ciúme.

GUERRA

Com o passar dos dias, entretanto, comecei a sentir uma necessidade insuportável de afirmar minha autoridade sobre a moreninha tímida. Quando vi o Homem-A da vez seguinte, sugeri maliciosamente que todos fôssemos para a cama juntos para aliviar a dor de todo mundo com amor e esperma. Ele sorriu para mim, adorando que eu fosse o tipo de mulher que resolvia o problema com uma orgia. Bem, é melhor do que usar baionetas. Ele então disse que na verdade tinha sugerido isso a ela durante aquele primeiro confronto, mas que ela apenas tinha chorado mais alto, confessando que sentiria ciúme demais. Droga. Eu sabia que, se pudéssemos trazê-la para a cama, eu poderia vencer. Subitamente vencer tornou-se imperativo. Vencer o quê, exatamente, eu não tinha certeza, mas a fortaleza parecia ser bem alta. Não se tratava de tê-lo com exclusividade, nunca foi isso; era para saber que eu era a mais amada.

Em seguida tornou-se completamente imperativo para mim me distinguir dela em minha própria mente. O Homem-A me dissera que ela tinha tido casos com homens casados no passado; eu decidi que ela devia ter um histórico de fazer o papel secundário para outra mulher. Mas eu, por outro lado, ou sou a líder masoquista, a cabeça do grupo, a primeiríssima, ou não brinco. Ponto. Também fiquei com uma fixação louca e incontrolável no tamanho da bunda dela. Afinal de contas, tinha duas vezes o tamanho da minha, se não fosse mais... talvez duas vezes e meia... Se o Homem-A amava tanto minha bunda estreita, como ele poderia amar aquela grandona também?

Depois, algumas semanas mais tarde, nós todos tivemos a infelicidade de nos encontrar na academia. Tendo terminado minha série, eu estava saindo pela recepção e lá estavam os dois, sentados no sofá: ela estava de cara feia, e ele parecia que preferia estar em qualquer outro lugar. O que tinha acontecido com o deus do sexo que andava pelo meu quarto com aquela ereção matadora? Esse homem encolhia as pernas sob o sofá e olhava para os joelhos, mal conseguindo respirar.

Eu passei voando a caminho da porta, dizendo um alegre olá para os dois. O que mais eu poderia fazer? E enquanto não esperava que ela respondesse, eu estava, percebo, testando-o. E ele falhou. Silêncio. Na frente dela, não mostrou que me conhecia. Do lado de fora, arrasada, caí no choro. Precisava de alguma coisa dele e não estava conseguindo. E não ia conseguir. Garantia. Mas claro – e essa foi a situação insolúvel que ficou no centro de todo o nosso caso –, se ele tivesse me dado a garantia de que eu precisava tão desesperadamente, de um lugar em sua hierarquia e seu coração, o fogo que havia entre nós muito provavelmente já teria se extinguido. Era o equilíbrio certo daquele elemento de não ter certeza que me mantinha tão apaixonada, tão cheia de desejo, tão excitada por causa dele. Ele nunca tinha se curvado a meu desejo, e isso não ia mudar agora. Ele sempre tinha me mostrado seu amor; mas ele não o confirmaria sob demanda.

Ficou claro para mim que o Homem-A não ia fazer nada para resolver esse problema. Então eu tinha de fazer alguma coisa. Fiquei com a idéia na cabeça de conversar com a morena tímida, de mulher para mulher, sobre o problema, nosso problema: ele. A agonia daquela mulher agora estava ameaçando a segurança do meu mundo com o Homem-A e talvez, se nós conversássemos, ela e eu pudéssemos fazer alguma coisa. Além do mais, não era mais apenas o sofrimento dela; também era o meu. A história estava se tornando sobre mim e ela, com o Homem-A observando da linha de fora. Seria aquele um caso de Electra mal resolvida? Talvez, mas eu não tinha tempo de pensar sobre mitologia agora. Estávamos em guerra. E a ela eu não tinha a menor vontade de me render.

Dando um jeito de encontrá-la na ginástica, aproximei-me corajosamente com minhas roupas cuidadosamente planejadas e perguntei se tínhamos "algo para conversar". Embora ela não tivesse certeza de que tínhamos, disse que aceitava falar. Eu perguntei o que tinha acontecido. Ela disse que tinha estado tão infeliz com ele, por receber tão pouco, que resolvera perguntar sobre outras mulheres na sua vida. A Estratégia da Verdade Liberta: ela suspeitava de que a resposta iria magoá-la, mas esperava que isso lhe desse coragem de terminar com ele.

Bem, claramente não tinha dado, porque quase imediatamente ela estava tentando a mesma estratégia comigo novamente, me fazendo todas aquelas perguntas intensamente pessoais. Com que freqüência nós trepávamos? Ele dormia lá? Nós jantávamos juntos? E eu me descobri fazendo a coisa mais horrível. Eu me descobri respondendo a ela, rezando para que dessa vez sua estratégia funcionasse, mesmo sabendo que não funcionaria.

E então nós todos seguimos adiante aos trancos e barrancos: nada de monogamia, nada de trepada a três, mais fodas, e nada de solução.

Nº 276

Ele me fez ficar de quatro. Ficou atrás de mim e empurrou, gentil mas insistentemente, meu osso púbico para cima. Levantei minha bunda para encontrá-lo. Ele bateu no interior das minhas coxas. Separei as pernas. Deitei minha cabeça na cama, a bunda para o alto, as costas arqueadas. Ele abriu minha boceta, encontrou meu clitóris e começou a olhar, chupar e dar tapinhas. Eu imaginei aquela outra garota, a de bunda grande, sentada numa cadeira, nua, de pernas abertas, enquanto ele se ajoelhava à frente de sua boceta. Não era uma boceta feia, mas era maior do que a minha, uma boceta diferente e tímida e, enquanto ela ficava lá sentada, largada, escancarada e cheia de tesão, ele chupava seu clitóris, seu clitóris óbvio, inchado, grande e vermelho. Ela não faz nada, não sente vergonha. Estou olhando isso secretamente, por trás de uma porta. Ele sabe que estou olhando e abre ainda mais a boceta para que eu possa ver o clitóris. Ela não sabe que estou olhando. Enquanto seu clitóris cresce, como um pauzinho ereto, orgulhoso, ofensivo e faminto, eu gozo. A conquista da outra mulher é meu orgasmo, meu prazer. A outra mulher é a minha puta – a puta dentro de mim. Então ele come minha boceta e depois meu cu. Meu clitóris transborda.

A BANANA

A lembrança da humilhação é a cicatriz sangrenta do instante revivido... A humilhação, acredito, não é apenas outra experiência em nossa vida, como, por exemplo, uma vergonha. É uma experiência construtiva. Ela constrói a maneira pela qual nos vemos como pessoas humilhadas.

AVISHAI MARGALIT

Engraçado – bem, nem tanto – como comecei a perder a habilidade de receber prazer diretamente do Homem-A e tinha de tirá-lo de outra mulher, a outra mulher dele. Tão *sexy* na cama, tão catastrófico fora dela. E assim ergui outro triângulo freudiano, enquanto fantasiava puxá-la para a cama conosco para que eu pudesse controlar o que não podia. O que eu nunca poderia controlar: minha dignidade diante de alguém que adoro. Perder aquilo foi a primeira coisa que aprendi a temer; a causa de todo o meu medo. Meu Waterloo do amor.

Estou com 4 anos. Sou uma garotinha magra e pequenina. Tão magra e pequena que minha mãe até me leva ao médico para ter certeza de que sou saudável. Depois de me examinar, ele tranqüiliza minha mãe com uma afirmativa que rapidamente se tornou parte do folclore familiar. "Ela é apenas um crrriança magrrra", declara ele com seu forte sotaque alemão. Ele sugere que eu faça mais exercícios para estimular meu apetite fraco. Então sou mandada para minha primeira aula de balé.

Um dia, pouco depois de chegar da escola, peço uma banana a minha mãe. (Agora não me lembro de gostar particularmente de bananas – gostava de *nuggets* de peixe e macarrão com *ketchup* –, mas naquele dia eu queria uma banana.) O pedido é recusado por dois motivos – Um: não comemos entre as refeições nesta casa. Dois: você não vai jantar se comer uma banana agora. Mas sou teimosa em meu desejo e imploro tanto que finalmente ganho uma banana grande, brilhante e amarela. Ela é maior que meu rosto. Vitória.

Subo para o alto de nossa escadaria e olho pela pequena janela com a banana na mão. Descasco alguns centímetros da ponta e dou umas mordidas. E paro. Isso era tudo o que eu queria.

Meu pai, tendo testemunhado a batalha com minha mãe na cozinha, sobe as escadas e me diz que é melhor eu terminar de comer a banana, já que pedi. Sei que meu pai está falando sério. Dez minutos mais tarde, ele passa novamente por mim e pela banana na escada. Os poucos centímetros de casca estão agora pendurados em torno dos poucos centímetros que mordi, mas o resto continua com casca, intocado. Novamente sou alertada de que é melhor comer aquela porcaria daquela banana, porque o desperdício não é permitido nesta casa; você pediu, você come. Papai está muito sério. Mas, sendo uma garotinha teimosa, simplesmente me recuso a comer o resto da banana. Então vem a lição.

Enquanto minha mãe olha com apreensão – os ataques de raiva são freqüentes em nossa casa –, meu pai vem até a escada, agarra a banana, tira a casca e a espreme em todo o meu rosto, esfregando o excesso em meu cabelo. Enquanto fico ali de pé, congelada, escuto minha mãe gritar lá de baixo: "Não, não, vou ter de lavar os cabelos dela!"

Não me lembro de nada depois desse momento, não lembro do que senti ou do que aconteceu depois – minha mãe provavelmente lavou meus cabelos. Mas a busca de minha dignidade perdida tornou-se uma obsessão para a vida inteira, uma busca incansável do rosto embaixo da banana. É um rosto que nunca vi. Eu fui, na verdade, apagada de minha própria existência. Foi o nascimento da minha vergonha. E da minha ira.

Essa cruzada não terminada de alguma forma me trouxe até aqui, a uma obsessão com um ato voluntário e disciplinado que me restaura a sanidade perdida tanto tempo atrás que nem consigo lembrar. Ainda adoro controlar minha alimentação. E me tornei uma mulher que aprendeu a conviver com seu terror da humilhação escolhendo e desejando o que para muitos é o ato final da humilhação: penetração anal. A arma tornou-se um instrumento de prazer em meu mundo adulto, e estou determinada a enfiar esses últimos centímetros de pau garganta abaixo e cu adentro. Até hoje, entretanto, não como uma única banana sem destruí-la primeiro no liquidificador.

Às vezes imagino se o que é bom em dar o cu, ao contrário do que parece, é que você pode ceder ao desejo da sensação perversa de cagar num homem. Quando você abre o cu o suficiente para ser penetrada sem dor, a sensação alcançada, e depois adorada, é que seus intestinos estão abertos e você pode estar cagando no pau que foi tão corajoso ao entrar. Assim, talvez ser sodomizada possa ser visto como minha resposta à banana, o último ato de vingança.

Fora do mundo de meu quarto, entretanto, temo que serei sempre uma garota com banana pingando do rosto, incapaz de esquecer aquele único momento em que estou sob a ameaça de ser humilhada por alguém que amo. Quanto mais amo, maior a ameaça. Quando estou privada da presença do Homem-A ou sinto a possibilidade de sua perda, a ameaça de humilhação real, humilhação não escolhida, me espreita como um predador aguardando sua presa. A espera é uma agonia e as percepções da humilhação se multiplicam como um vírus. Elas se tornam tão poderosas que as experimento como verdadeiras, e sofro a mesma aniquilação de identidade que meu pai executou empunhando um pedaço de fruta semidescascado.

Quando nos aproximamos do ano três, nos aproximamos de trezentas trepadas no cu. Eu adoro simetria.

Depois de oito dias sem seu pau no meu cu, estou pronta para ser declarada louca. Louca com a falta. Combinamos uma Poderosa Hora e Meia. De forma pouco usual, quero conversar e conto a ele sobre a loucura pela qual estou passando.

Digo que estou totalmente consciente de que ele não é minha resposta (embora meu cu esteja convencido de que é). Ele concorda com entusiasmo.

"Definitivamente não sou a resposta", ele diz. "Sou a pergunta."

Imediatamente visualizo seu pau entrando em meu cuzinho, sua pergunta firmemente plantada no centro de meu ser. Por trás, claro. Meu cu é a resposta – para nós dois.

Ele tira a roupa, senta na ponta da cama com os joelhos afastados e coloca uma almofada no chão entre seus pés. Fico de joelhos e, quando começo a chupar, meu coração se alivia. Ele pega minha cabeça entre as mãos, eu coloco minhas próprias mãos nos dois lados de seus quadris, me apoiando na cama, e ele vagarosa e suavemente guia minha cabeça, a boca redonda, aberta e molhada, descendo por seu pau. Muito devagar, até que a ponta alcance o fundo de minha garganta. Eu dou a ele controle total, e me torno cabeça e boca apenas para o pau.

É tão devagar e seu pau é tão duro, um muro de cimento. A beleza flui para dentro de meu ser e toda a minha loucura sai de mim como a água retirada do fundo de um navio.

Depois ele comeu meu cu, apenas meu cu, e quando seu pau começou a entrar ele sussurrou: "Se você um dia esquecer, lembre que este é o ponto de conexão, sempre."

SALVANDO A HONRA

Entretanto, eu estava agora fazendo outras conexões.

Quando enfrentei a morena quieta naquele dia, perguntei se ela amava o Homem-A. Eu não tinha planejado perguntar, mas acho que queria saber. Bem, na verdade eu já sabia. Mas eu queria, assim como ela, confirmação. Meu sadismo (com ela) e meu masoquismo (comigo mesma) estavam – talvez mais do que em qualquer outro ponto da minha vida – cada um lutando para dominar o outro. Seus grandes olhos castanhos se encheram de lágrimas e ela murmurou: "Eu tento não amar." E nesse momento todas as minhas tentativas desesperadas de me separar dela se dissolveram.

Ao contrário dela, eu era muito orgulhosa para admitir ciúme ou deixá-la ver meu sofrimento, mas os dois estavam ali, tanto como os dela. Ela não era mais diferente de mim, ela *era* eu, e subitamente reconheci o que estava procurando a minha vida inteira – o rosto por trás da banana, o rosto de uma garotinha esmagada e humilhada pelo amor. Minhas lágrimas estavam rolando pelo rosto dela. E foi horrível. Durante semanas fui assombrada por aquele reflexo de mim mesma que eu jamais tinha visto antes.

Mas aí a percepção mais surpreendente gradualmente entrou em minha consciência. A morena tinha sido, como eu, incapacitada, tornara-se incapaz de agir em seu próprio benefício; ela não conseguia – não ainda – deixar sua própria dor para trás. Mas eu não era mais incapaz. Eu podia tomar a decisão por nós duas, eu podia agir, porque agora eu tinha a força para deixar o triângulo, como nunca tive antes. Era meio que um milagre.

Que presente estranho essa mulher me deu, a habilidade para executar o que toda a minha busca espiritual, no fim das contas, não podia – a habilidade de quebrar a corrente da dor, bem aqui, bem agora. Não apenas por mim, mas por meu frágil eu de 4 anos de idade. Que, afinal, ainda vive comigo. Era tempo de limpar seu rosto e levá-la para casa.

DEPOIS

CONTANDO

4/3/3/3/3/3/3/1/2/0/0/0/0/0/2/0/0/0/0/3/2/1/2/1/2/1/1/0/
0/0/1/1/2/3/1/2/2/3/1/1/0/0/0/0/0

A contagem acima é a das penetrações anais por semana no ano três. Todos os zeros representam um de nós fora da cidade. A não ser os cinco últimos.

A nº 298 foi nossa última. As paredes que eu tinha tão cuidadosamente construído em torno de nosso amor haviam se rachado e se escancarado. O mundo estava lá dentro, e nós tínhamos terminado. Mandei o Homem-A embora. Era Hora.

Sim, foi assim de repente. Inesperadamente. Totalmente sem planejar. Hora de acabar com a dor, hora de acabar com a beleza; eles tinham se tornado inseparáveis, um adágio sadomasoquista.

Então a busca pelo fim de meu fim terminou tão abruptamente quanto tinha começado três anos antes. Uma simetria de classificações. Um corte único, rápido e certeiro. Sem negociações, sem pedidos, sem manipulações, sem culpa. Depois da nº 298 – foi novamente uma sexta-feira à tarde – terminei com o Homem-A enquanto tudo ainda estava quente como um vulcão e bonito como arte. Tente ter essa coragem.

Embora por mim não tivesse sido coragem, e sim necessidade. Eu nunca teria tido coragem de mandá-lo embora.

É engraçado como outra mulher sempre foi a catalisadora para nós dois: a pré-rafaelita nos tinha juntado e agora a moreninha tímida nos separou. Eu devia ter muitos assuntos mal-resolvidos com mulheres, com minha mãe. Mas esta é a história de Papai, não de Mamãe – ou pelo menos eu achava isso.

Comecei a contar os zeros semana após semana após semana, como se fossem somar outra coisa que não zero. Zeros marcando o espaço vazio em mim onde a dor quase insuportável da perda crescia e crescia. Eu apodreci.

E morri.

O centro de mim que ele tinha tocado morreu.

Senti que ficaria de luto por causa dele pelo resto da vida. E estou. Venho chorando por ele desde a primeira vez que ele entrou no meu cu; por que parar agora apenas porque ele não estava mais ali?

Se o paraíso é um gosto de eternidade num instante de tempo real, então o inferno é uma eternidade de perda num instante de tempo real.

Completamente desapossada. Nós nem chegamos a completar trezentas.

REPARAÇÃO

Depois de muitos meses sem o Homem-A, a bolha de amor na qual eu tinha vivido por tanto tempo começou a esvaziar. Eu não podia continuar vivendo assim. Antes eu era uma sodomitazinha feliz; agora eu era uma sodomitazinha desgraçada, com apenas memórias para me provocar.

Havia algumas coisas para arrumar. Coloquei as poucas roupas dele que estavam comigo dentro de muitos sacos plásticos e os joguei fora. Resisti a cheirá-las pela última vez, e fazendo isso eu sabia que teria a força de fazer o que fosse necessário para seguir em frente. Os poucos bilhetes e fotos que eu tinha escondi numa gaveta, junto com o pequeno saco plástico com seus pêlos púbicos, o pêlo daquela primeira raspada. Nada foi jogado fora, tudo foi cuidadosamente preservado. Você joga as coisas fora quando o amor se transforma em ódio. Não foi isso que aconteceu comigo.

E havia a Caixa. Guardada em minha penteadeira, transbordando com a evidência de tudo o que eu estava tentando superar e deixar para trás. Percebi que precisava de uma caixa maior – e com chave. Ali estava ela, esperando por mim na loja de antiguidades: quadrada, com uma tampa curva, forro de cetim vermelho e um pequeno cadeado com chave. Folheada a ouro. Perfeito. Fiz a transferência, dei um último, longo e abrasador olhar, fechei o cadeado e o tranquei.

Joguei a chavinha fora. O caixão estava selado – com lágrimas, K-Y e uma piscadela para quem a encontrasse no futuro.

Esse santuário de relíquias sagradas era meu monumento à divindade do meu masoquismo, à grande alegria que uma vez cruzou com tanta freqüência meu caminho, a um estado de consciência que não posso mais acessar, a uma conexão química que ia muito além de qualquer lógica ou racionalidade, à insanidade sagrada que tão abençoadamente impregnava meu ser. Agora, onde colocar aquilo? Perto... mas fora do alcance. Como o último maço de um fumante, perto... mas fora do campo de visão. Disponível... mas proibido.

Saindo fora do amor por ele, me senti como um pelicano tentando sair de um derramamento de óleo: avançando, caindo, me levantando, tentando novamente. Mas mesmo se o pássaro se liberta, suas penas continuam manchadas, marcadas para sempre. Percebi que, até que a dor de amá-lo não me interessasse mais, eu não seria capaz de seguir em frente. Por que a dor era tão interessante? Parecia que a chave para a minha alma estava enterrada ali dentro. A enormidade incomparável da ferida implorava por atenção.

Arrumando consolo em outras compulsões, fiz muitas listas. Listas de prós e contras. Listas do que eu perdia perdendo-o e do que perderia se tivesse ficado com ele. Listas do que ganhei, do que alcancei, com quem me encontrei. Elas não significavam nada, essas listas, mas me davam algo para fazer enquanto chorava. Percebi que eu tinha que mudar a fim de não querê-lo. Quem eu tinha me tornado queria apenas ele. Eu tinha de me tornar outra pessoa, novamente.

Foi assim que meu antigo eu morreu, foi assim que o matei. Mas ele não partiu em silêncio pela noite. Não, ele se enfureceu até o aniquilamento com uma última explosão de dor ardente. Dor para parar a dor. Mas talvez o masoquismo nunca se cure, apenas troque de forma. Objetos diferentes, manifestações diferentes. Eu tinha medo de não conseguir ser feliz sem minha dor. Mas eu tinha de direcioná-la para fora de mim agora; por dentro eu estava ensopada até os ossos.

Depois de um tempo comecei a trepar com homens de novo – um por um. Não sendo mais obediente, comecei a dizer a eles como fazer – "assim", "assado" – e eles faziam. Tendo sido escrava do Rei, era totalmente Rainha com eles, dando ordens a meus bobos da corte, mesmo quando fechava os olhos e fingia que eles eram ele. Às vezes funcionava. E quando funcionava, era horrível: as lágrimas corriam pelo meu rosto enquanto eles achavam que eu estava em êxtase. Qualquer caso depois do Grande Primeiro não é apenas outro estado de luto, prolongado e disfarçado como alguma forma de continuidade ou bravura, quando não há nem uma nem outra?

Mas eu não deixei mais ninguém – e alguns tentaram – entrar em meu jardim sagrado dos fundos. Agora um túnel de desespero, ele tinha se tornado solo sagrado, um campo de batalha quieto, mas cheio de fantasmas. Se aquelas paredes falassem... Imaginei que ninguém mais jamais entraria ali.

Como eles poderiam conquistar esse direito? Quem jamais seria merecedor? Quem, em sã consciência, jamais ousaria?

BUDA NA PORTA DOS FUNDOS

A sensação de perda continuou, intolerável e cruel, e os outros homens apenas a tornavam pior. Eu precisava de ajuda. Muita. A paz de espírito era um conceito intelectual distante; eu chorava todos os dias. Tinha finalmente sofrido o bastante. O bastante para dizer "basta". Minha dignidade estava rompida. Num esforço para me arrancar da autopiedade, me inscrevi num retiro de duas semanas com setecentos budistas a 8 mil quilômetros de distância num canto obscuro da Inglaterra. Para sair de onde ele estava. Era como rasgar minha própria carne, para escapar do controle que ele tinha sobre mim. Livre, eu não tinha pele. Como uma vítima de incêndio.

Os budistas que conheci eram pessoas realmente adoráveis e me receberam em seu mundo sem julgamento, apesar do fato de eu provavelmente estar ali apenas para um conserto rápido em meu momento de desespero. Mas até a sabedoria de um conserto rápido, se for budista, pode permanecer muito depois que o ego da pessoa ganha novamente força. E então, enquanto todos eles meditavam pela paz de todos, eu meditava pela paz em mim, me sentindo uma criança entre eles.

Todo mundo que conheci no retiro, todos estranhos, me perguntava com interesse genuíno como eu estava. E eu contava a eles. Um depois do outro, eles sorriam largamente com meu conto de amor perdido. "Ah! Mas você é tão sortuda!", disse um homem, radiante. "Sortuda demais!" Ele quase parecia ter inveja. A explicação: qualquer experiência de grande sofrimento está liberando carma negativo, e essa liberação não é nada mais do que uma limpeza, uma liberação do caminho para o nirvana.

Bem, enquanto o nirvana sem o Homem-A em meu cu parecia um possibilidade pouco razoável, eu tinha me tornado agora a única coisa que não tinha sido antes: desejosa. Desejosa de conceber a possibilidade de sanidade sem ele, exatamente como eu desejara três anos antes ter a possibilidade de me dar a ele por apenas uma tarde – e olhem onde isso me levou. Um por um, vezes seguidas, mais e mais, meus novos amigos budistas se regozijavam com minha enorme tristeza... até que as lágrimas finalmente pararam. Elas tinham saído todas.

Havia um jovem inglês, também no retiro, que estava na mesma pousada que eu na cidade próxima. Todas as manhãs, no desjejum, ele sorria para mim enquanto comíamos ovos pochê com torradas nos extremos opostos da mesa comunitária. Finalmente nos falamos. Ele era budista devoto já havia oito anos, embora tivesse apenas 24. Ele até vivia num centro budista no norte da Inglaterra, onde estava terminando a universidade. Alto, com a pele branca, lábios grandes e vermelhos e cabelos longos e encaracolados, ele era bonito feito o diabo; lembrava João Batista, a quem Salomé tanto amara. Ele também tinha um grande coração e era mais doce que o mel. E, presumi, era meio monge – dada sua devoção budista. Depois de tudo o que havia visto, a única coisa que pensei que jamais aconteceria no retiro budista era sexo hedonista. Mas, ah, não, para esses budistas maravilhosos e travessos, tudo bem fazer sexo – desde que ninguém se machuque e todos os carmas estejam propriamente alinhados. Claramente mais experimentado nisso do que eu, ele começou nosso alinhamento.

Quando eu disse a ele que partiria no dia seguinte, ele sugeriu um encontro após a meditação da noite. Eu não consigo lembrar exatamente como a proposta foi feita – não era jantar ou cinema nem um encontro romântico –, mas ele terminou em meu quarto aconchegante com as cortinas Laura Ashley, duas camas de solteiro estreitas, saquinhos de chá e uma chaleira elétrica. Do lado de fora, desnecessário dizer, estava chovendo.

Aquele belo budista de Byron não apenas me comeu majestosamente na última noite do retiro, mas também fez um tipo particular de tratamento que eu apenas tinha vagamente considerado ser de algum uso possível. Ele foi o segundo homem a comer meu cu em toda a minha vida – gentilmente, selvagemente, famintamente, budistamente. Foi maravilhoso. O sexo, sim, ele era tão capaz, tão jovem, tão disposto... e em seguida disposto novamente. Mas mais maravilhoso foi que isso tenha acontecido, que eu tenha permitido quando outros tentaram e não conseguiram. Mas quando ele pediu, olhei em seus santos olhos sagrados e vi que ele poderia ser o cara. O cara bom o suficiente.

Foi como ser vacinada contra a verdadeira doença com a qual eu tinha sido afligida durante tanto tempo. O Homem-A foi o Primeiro Homem, foi o Melhor Homem, mas ele não era mais o Único Homem. O feitiço estava quebrado. Buda tinha encontrado o caminho para meu jardim dos fundos. Pensar que Deus, esse demônio espertinho, me mandou a um João Batista budista para me mostrar o caminho para sair do inferno. Ou pelo menos para quebrar o selo que me prendia a outro, mas nunca a mim mesma.

Como alguém abre mão da melhor coisa que jamais conheceu na esperança de ter algo melhor? Com um louco e ilógico impulso de fé. Fui embora cedo na manhã seguinte, me sentindo abençoada pela primeira vez em muito tempo.

Hora de fazer compras.

DE SALTOS ALTOS

Quando voltei para casa, resolvi que não encontraria uma substituição ou continuidade num único homem; eu devia encontrar algo totalmente diferente. Esse plano ganhou pernas quando comprei sandálias novas. O par certo de sapatos, na hora certa, pode realmente mudar a atitude de uma mulher. E aquelas não eram apenas umas sandálias comuns. Eram as sandálias nas quais eu encontraria uma nova identidade. Assim como as sapatilhas de ponta tinham formado os contornos de minha juventude, aquelas sandálias guiariam minha vida quando a submissão a um homem não era mais possível. Não eram sapatos belos, elegantes e brilhantes de Manolo Blahnik. Eram saltos indecentes, pesados e pontiagudos – sandálias úteis, sandálias práticas. Não queria mais aquelas mules fáceis de tirar; essas eram de amarrar, com muitas fivelas. Gosto de sapatos que tenham uma boa metáfora. Sapatilhas de ponta, sandálias de puta, tudo é apenas submissão no final das contas.

Comprei um monte de sandálias de 50 dólares. Eu as chamava de minhas sandálias "Não foda comigo". Elas também, ironicamente, pareciam muito sandálias do tipo "Me foda". Ah, as sandálias de duplo sentido, a chave para a questão freudiana "O que as mulheres querem?" – "Me foda!" mas "Não foda comigo!"

Saltos plataforma pretos. O pedestal da frente levantava a sola de meu pé 7 centímetros acima do solo, e o salto, aquele salto gloriosamente fino mas forte, me erguia sólidos 18 centímetros. Finalmente, pela primeira vez desde que ficara na ponta dos pés, me senti maior do que era de verdade. Mas o mais importante era que meus pés estavam bem acima do chão; é o lugar onde estou em minha melhor forma, tanto de mente quanto de corpo. E, se necessário, aquelas sandálias poderiam dar um chute bem saudável.

Minhas novas sandálias tornaram-se escudo e armadura na batalha por uma nova maneira de viver. Acabei comprando pares de todas as outras cores: prata, azul-celeste e rosa. Uma vez calçadas, essas sandálias mudavam todo o meu comportamento. Eu me tornei minha própria Amazona – Afrodite, Artemis e Atena transformaram-se numa só. A Mulher-A tinha nascido.

Com altura igual à da maioria dos homens, agora eu era mais alta do que muitos deles. Eu andava devagar, deliberada, orgulhosa e admiravelmente com minhas armas de saltos altos cintilantes. A esperança florescia enquanto eu olhava de cima de meu posto seguro. Não olhava para cima, agora eu estava olhando para baixo. Não era mais Escrava, agora eu era Dona; o único refúgio para uma submissa sem Senhor. Comecei a usar minhas sandálias dentro de casa. Com meias, de calcinha, sem calcinha, limpando uma prateleira, lavando a louça. Terapia. E continuei a lavar meu cu toda vez que tomava banho – um gesto de esperança num terreno vazio.

Aí, um dia, quando Leonard Cohen estava cantando "Dance Me to the End of Love" nas caixas de som, comecei a rebolar com a música e soube que em pouco tempo estaria dançando de novo com minhas sandálias "Não foda comigo". Eu estava curada.

Eu tinha saltado sobre o precipício. Não era tão largo quanto pensei. Todas aquelas abreviações com M nunca foram ponte suficiente para o outro lado. Eu nunca realmente gostei de ser *Miss*, senhorita. Presunçoso demais. Era levemente melhor em francês –*Mlle.*, *mademoiselle* – mas ainda parecia faltar algo, era muito pequeno para minha enormidade florescente. Depois veio a oportunidade para virar *Mrs.*, senhora casada, que parecia horrendo, como minha mãe, e sua alternativa mais seca e neutra, *Ms.* O problema era que o que se seguia a essas abreviações era sempre o nome de um homem – do pai ou do marido. Agora apenas reconheço títulos adequados a uma mulher que pertence a si mesma.

Tendo viajado naquele caminho longo e cheio de curvas de Masoquista para Mandona... O que viria depois? Madame? Musa? E com quem? Talvez com um homem que seja difícil de amar. O Homem-A não provocou mudanças nesse sentido. Amá-lo foi tão fácil, muito fácil; não amá-lo é que era o inferno. Então talvez faça o oposto: amar difícil e abandonar fácil. Scrá que aí eu não aprenderia a ser um pouco tolerante?

Agora já faz tempo que o Homem-A se foi. Mas será que ele jamais esteve aqui? Ele realmente habitou meu cu e a mim? Ele foi realmente o amante-demônio que vingou minha fúria, a ereção sempre pronta na qual eu tão desejosa e alegremente me martirizei? Ou ele foi o Deus de minha própria criação, o Deus que eu sempre quis mas não pude ter, não pude encontrar? Talvez eu finalmente tenha encontrado um lugar para Ele, e o Homem-A entrou no meu espaço de esperança.

Acredito que a equação seja assim: sexo só pode ser verdadeiramente profundo, verdadeiramente de mudar a vida, verdadeiramente transcendente, se você é comida por Deus; se você ama um homem como se ele fosse Deus. Mas – e aqui está a dificuldade que nenhum lubrificante pode aliviar – se seu homem é Deus e muda seu mundo, então você está, por definição, lá no verdadeiro centro de seu masoquismo feminino, aberta, desejosa, vulnerável. O Homem-A foi meu Deus, mas ele foi meu Último Deus. Temo que nenhum homem possa novamente ser Deus para mim. Sorte de todos nós, talvez; assim se cai de uma altura menor. Mas eu lamento isso com todo o meu ser; é a perda, finalmente, de minha inocência insistente. Foi um longo processo, o desatamento dele e a escavação de minha alma. Ele não mora mais no meu cu. Eu moro lá agora. E que lugar.

Estive no precipício. Olhei para cima e caí da beirada. Mas agora estou de volta, de volta do grande vale de meu masoquismo, de volta ao testemunho doloroso – para mim mesma mas também para vocês – da minha sobrevivência, do meu retorno de um mundo onde a profundeza era tudo o que importava. Se você não trepa com a morte a persegui-lo, você está enganado. Enquanto se puder sobreviver ao amor, ao louco, louco amor, não há desculpas. Não há desculpas mesmo.

Vá. Goze.

Vagarosamente, ressentidamente, saí da escravidão, embora não possa esquecer sua liberdade. Mas não estou mais cega pela obsessão. Posso agora reconhecer o que é comumente chamado realidade, a miserável realidade. Eu até vivi nela quando necessário, quando me senti desmoralizada.

Eu resisti à perda. A escolha é minha. Mas sei o que fazer –
e onde ir – se precisar de um toque de beleza, de submissão,
de alívio, de bênção. E, além do mais, ainda tenho a Caixa.
Ela não contém apenas o DNA dele. Ela contém minha própria loucura – a salvo sob sua tampa dourada.

   Mas eu não preciso abri-la. Eu tenho a chave.

Agradecimentos

Gostaria de estender meu profundo agradecimento a Alix Freedman pela verdadeira amizade e a John Tottenham por ser o primeiro a dizer, sim, você deve fazê-lo. Sou eternamente grata a David Hirshey, cujo incansável bom humor e entusiasmo inabalável me mantiveram sorrindo e me deram fé quando a minha faltou. E a Alice Truax, obrigada por tudo: orientação, inteligência, gosto impecável e busca incansável.

Sou muito grata a meus bravos e persistentes agentes, Glen Hartley e Lynn Chu, e a Catharine Sprinkel por cuidar de tantas coisas. E a Michael Wolf, um advogado com integridade verdadeira, muito obrigada.

Da ReganBooks, quero agradecer – e aplaudir – Judith Regan, por sua coragem, Cassie Jones, que fez tudo acontecer na hora certa, e Kurt Andrews, Paul Crichton, Michelle Ishay, Adrienne Makowski e Kris Tobiassen.

E minha enorme gratidão a todos os meus amados e deliciosos consultores e amigos que deram sugestões maravilhosas, bem como numerosas respostas ilustradas a meu trabalho: Elizabeth Alley, Christopher d'Amboise, Jeff d'Avanzo, Erin Baiano, Beverly Berg, Jim Bessman, John B. Birchell Hughes, Laura Blum, Mary Bresovitch, Steve Brown, Leonard Cohen, Bonnie Dunn e Le Scandal, Alfredo

Franco, Janet Goff, Bruce Grayson, Gregory Jarrett, Paul Kolnik, Elizabeth Kramer, Marc Kristal, Maureen Lasher, Gillian Marloth, Michele Mattei, David Mellon, Carolyn Mishne, Adam Peck, Quentin Phillips, Ray Sawhill, Michael Schrage, Michael Sigman, Michael Solomon, David Stenn, Neal Tabachnick, Bill Tonelli, Vicky Wilson, Leslie Zemeckis, Robin Ziemer e, claro, o Homem-A, sempre.

markgraph

Rua Aguiar Moreira, 386 - Bonsucesso
Tel.: (21) 3868-5802   Fax: (21) 270-9656
e-mail: markgraph@domain.com.br
Rio de Janeiro - RJ